RUDOLF STEINER

DER MENSCH IN DER SOZIALEN ORDNUNG

Individualität und Gemeinschaft

RUDOLF STEINER

Der Mensch in der sozialen Ordnung

Individualität und Gemeinschaft

Drei Vorträge, gehalten in Oxford
am 26., 28. und 29. August 1922

1988
RUDOLF STEINER VERLAG
DORNACH/SCHWEIZ

Nach vom Vortragenden nicht durchgesehenen Nachschriften
herausgegeben von der Rudolf Steiner-Nachlaßverwaltung
Die Herausgabe besorgte H. R. Niederhäuser

EINZELAUSGABE
1. Auflage Dornach 1979
2. Auflage Dornach 1988

Frühere Veröffentlichungen siehe zu Beginn der Hinweise

Separatdruck aus Bibliographie-Nr. 305:
«Die geistig-seelischen Grundkräfte der Erziehungskunst
Spirituelle Werte in Erziehung und sozialem Leben»
Rudolf Steiner Gesamtausgabe 1979

Zeichen auf dem Umschlag von Rudolf Steiner,
Schrift von Th. Steen

Printed in Germany by Kooperative Dürnau, Dürnau

ISBN 3-7274-5197-1

Zu den Veröffentlichungen aus dem Vortragswerk von Rudolf Steiner

Die Grundlage der anthroposophisch orientierten Geisteswissenschaft bilden die von Rudolf Steiner (1861 - 1925) geschriebenen und veröffentlichten Werke. Daneben hielt er in den Jahren 1900 bis 1924 zahlreiche Vorträge und Kurse, sowohl öffentlich wie auch für die Mitglieder der Theosophischen, später Anthroposophischen Gesellschaft. Er selbst wollte ursprünglich, daß seine durchwegs frei gehaltenen Vorträge nicht schriftlich festgehalten würden, da sie als «mündliche, nicht zum Druck bestimmte Mitteilungen» gedacht waren. Nachdem aber zunehmend unvollständige und fehlerhafte Hörernachschriften angefertigt und verbreitet wurden, sah er sich veranlaßt, das Nachschreiben zu regeln. Mit dieser Aufgabe betraute er Marie Steiner-von Sivers. Ihr oblag die Bestimmung der Stenographierenden, die Verwaltung der Nachschriften und die für die Herausgabe notwendige Durchsicht der Texte. Da Rudolf Steiner aus Zeitmangel nur in ganz wenigen Fällen die Nachschriften selbst korrigieren konnte, muß gegenüber allen Vortragsveröffentlichungen sein Vorbehalt berücksichtigt werden: «Es wird eben nur hingenommen werden müssen, daß in den von mir nicht nachgesehenen Vorlagen sich Fehlerhaftes findet.»

Nach dem Tode von Marie Steiner (1867 - 1948) wurde gemäß ihren Richtlinien mit der Herausgabe einer Rudolf Steiner Gesamtausgabe begonnen. Die vorliegende Einzelausgabe ist dem auf Seite 4 genannten Band der Gesamtausgabe entnommen.

INHALT

ERSTER VORTRAG

Oxford, 26. August 1922

Die Entwicklung des sozialen Lebens in der Menschheit

Meine Damen und Herren! Es ist in der Gegenwart eine allgemeine Angelegenheit der ganzen Menschheit geworden, die soziale Frage zu betrachten, und innerhalb der sozialen Frage diejenigen Antworten zu finden, welche gerade in der Gegenwart geeignet sind, ein Handeln der Menschen hervorzurufen, das unsere sozialen Verhältnisse derjenigen Richtung zuführen kann, die als ein Unbestimmtes, ich möchte sagen, nebelhaftes Zukunftsgebilde vielen Menschen vorschwebt, über die aber keineswegs heute schon irgendwelche klaren Begriffe vorhanden sein können, ich sage: können, und nicht: vorhanden sind.

Wenn ich mir erlaube, in drei kurzen Vorträgen über die soziale Frage zu sprechen, so ist es ja selbstverständlich, daß ich nur einige recht unbefriedigende Gesichtspunkte werde geben können, und daß manches von dem, was ich nur vage andeuten kann wegen der Kürze der Zeit, erst wird Gestalt gewinnen müssen, in dem, was die verehrten Zuhörer aus meinen Worten machen werden. Die Vorträge bitte ich daher nur als ganz vage Andeutungen zu betrachten, die einige Anregungen geben wollen.

Die soziale Frage, wie liegt sie uns denn eigentlich heute vor? Sie liegt uns durchaus nicht, wenn wir unbefangen das Menschenleben der Gegenwart betrachten, so vor, daß wir eine klare Formulierung von ihr haben, daß wir wüßten, das ist die soziale Frage, und so kann man sie lösen. Das ist ja gar nicht der Fall. Was uns vorliegt, ist eine große Summe von differenzierten Lebensverhältnissen über die Erde hin, welche Klüfte und Abgründe zwischen den inneren menschlichen Erfahrungen und Erlebnissen und dem äußeren wirtschaftlichen Lebensstande innerhalb der Menschheit hervorgerufen haben. Diese mannigfaltig differenzierten Verhältnisse sind da. Wie mannigfaltig sie differenziert sind, das kann derjenige sich leicht vor die Seele rücken, der hinschaut auf die ganz verschiedene Art, wie diese Lebensverhältnisse waren vor dem furchtbaren Weltkriege, und wie sie jetzt sind nach dem Weltkriege. Wenn man nur ein wenig ein größeres Territorium der Erde in Betracht zieht, dann wird man bald finden, daß die Differenzierung in den sozialen Lebensverhältnissen vor und nach dem Kriege etwas Grundverschiedenes ist gegenüber auch den Verhältnissen, wie sie etwa noch vor fünfzig Jahren auf demselben Territorium waren.

Wir schauen vielleicht heute, und man muß sagen, Gott sei Dank, mehr mit unserem Herzen in diese Lebensverhältnisse hinein, empfinden das Tragische; aber der Verstand, der Intellekt, so sehr er auch ausgebildet worden ist in den letzten Jahrhunderten, er kam nicht nach. Das ist das Eigentümliche in allen sozialen Verhältnissen der Gegenwart, daß die Frage der Wirklichkeit, des unmittelbaren Lebens ungeheuer drängen, und daß das Begreifen der Menschen nicht nachkommen will.

Wenn wir uns fragen: Wo sind die fruchtbaren sozialen Ideen? – dann werden wir wenig finden, was wir bei völliger Unbefangenheit so bezeichnen können. Gerade die Gedanken der Menschen pflegen, wenn es sich um das soziale Leben handelt, zu versagen.

Nun, heute ist infolge der sozialen Entwickelung, die die Menschheit genommen hat, die Frage des sozialen Zusammenlebens unmittelbar geknüpft an eine andere Frage, in der nur Sachkenntnisse den Ausschlag geben können, nur die wirkliche Einsicht in das Konkrete den Ausschlag geben kann.

Meine Damen und Herren, über ein Paradies auf Erden, in dem die Menschen gut leben können, in dem alle Menschen zufrieden sein können, zu denken, ist sehr leicht. Das ergibt sich, man möchte sagen, von selbst. Zu sagen, wie aus der Konfiguration unseres Wirtschaftslebens, aus den einzelnen konkreten Tatsachen, die sich aus der Natur, aus der menschlichen Arbeit, aus dem menschlichen Erfindungs-und Kombinationsgeist ergeben, zu sagen, wie da heraus für die Menschen allmählich ein menschenwürdiges Dasein sich entwickeln soll, das erfordert eine so eingehende tiefe Sachkenntnis, wie kein Zweig der Wissenschaft, wie kein Zweig innerhalb der Naturerkenntnis. Denn gegenüber der Komplikation der sozialen wirtschaftlichen Tatsache ist dasjenige, was wir unter dem Mikroskop sehen und durch das Teleskop am Himmel beobachten, außerordentlich einfach.

So muß man sagen: Gerade auf dem Gebiete der sozialen Frage möchte heute jeder mitreden, und die wenigsten Menschen haben die Geduld und die Ausdauer und auch nur die Gelegenheit, sich die konkreten Sachkenntnisse zu erwerben. Daher haben wir hinter uns ein Zeitalter in bezug auf die soziale Frage, von dem wir sagen müssen: Wir danken Gott, daß es hinter uns ist. – Es ist das Zeitalter der Utopie, das Zeitalter, wo man, ich möchte sagen, in romanhafter Weise ausgedacht hat, wie die Menschen in der Zukunft leben sollen, damit sie eine Art Paradies auf Erden finden. Ob man diese Utopie niedergeschrieben hat, oder ob man sie in der Wirklichkeit begründen will, wie das *Owen* in England oder *Oppenheimer* in Deutschland wollen, das ist es nicht, worauf es ankommt. Ob man Utopien in ein Buch schreibt, bei dem man einsehen kann, das läßt sich nicht verwirklichen, oder ob man irgendwo in einer kleinen Kolonie einen wirtschaftlichen Parasiten gründet, der nur bestehen kann, weil noch die andere Welt da ist, und der nur bestehen kann, solange als er sich als Parasit der Wirtschaftswelt erhält und dann zugrunde geht, das ist im Grunde genommen in bezug auf das gegenwärtige Leben der Menschheit, in bezug auf das Soziale ganz das gleiche.

Nun handelt es sich darum, daß man vor allen Dingen, will man über die soziale Frage sprechen, sich ein Auge, einen Sinn aneignen muß für dasjenige, was in den Untergründen der Menschheit sozial pulsiert, was in der Vergangenheit war, was in der Gegenwart da ist, was in die Zukunft hineinwirken will, denn das, was in die Zukunft hineinwirken will, ist zum großen Teile im Unbewußten der Menschen überall vorhanden. Wir werden daher in diesen Vorträgen gerade auf dieses Unbewußte in den Menschen außerordentlich stark hinweisen müssen. Aber vor allen Dingen ist es notwendig, daß man sich einen Begriff davon macht, wie die Verhältnisse über die Erde hin in bezug auf das soziale Leben im großen sind, wie sie sich geschichtlich entwickelt haben.

Denn, meine Damen und Herren, dasjenige, was einstmals vor langen Zeiten war, das ist ja noch immer unter uns als Tradition, als Rest, und wir können das, was unter uns dasteht, nur verstehen, wenn wir dasjenige verstehen, was einmal vor langen Zeiten da war. Und dasjenige, was Gegenwart ist, vermischt sich immer schon mit etwas, was hintendiert nach der Zukunft, und wir müssen verstehen, was da schon Zukünftiges, Keimhaftes in unserer Gegenwart herinnensteckt. Wir dürfen die Vergangenheit nicht bloß als etwas betrachten, was vor Jahrhunderten war, sondern was vielfach noch unter uns lebt, und was auch wirkt, und was wir nur verstehen als ein gegenwärtig Vergangenes oder vergangenes Gegenwärtiges, wenn wir es richtig zu taxieren verstehen. Da ergeben sich nur Einsichten, wenn wir die äußeren Symptome auf die tieferliegenden Gründe zurückführen können.

Mißverstehen Sie mich nicht, meine Damen und Herren, man muß, wenn man solche Dinge ausspricht, manchmal etwas stark auf die Dinge hinweisen, und es könnte scheinen, als ob man manches tadeln wollte, was man nur charakterisieren will. Also, ich will nicht tadeln, wenn das Vergangene heute in der Gegenwart noch drinnensteckt, ich kann sogar dieses Vergangene bewundern und außerordentlich sympathisch finden, indem es sich in die Gegenwart hineinstellt, aber ich muß wissen, wenn ich sozial denken will, daß es ein Vergangenes ist, und sich auch als Vergangenes eben richtig in die Gegenwart hineinstellen muß. So muß sich ein Gefühl für das unmittelbare soziale Leben mir aneignen können.

Zum Beispiel – Sie verzeihen, wenn ich aus der unmittelbarsten Gegenwart ein vielleicht etwas merkwürdiges, aber ganz gewiß nicht irgendwie verletzend gemeintes Symptom Ihnen anführe – gestern begegnete uns auf der Straße der verehrte Chairman im Talar und mit dem Barett. Er sah sehr schön aus. Ich mußte ihn bewundern. Aber, meine sehr verehrten Damen und Herren, ich hatte nicht nur das Mittelalter vor mir, sondern ich dachte, es käme mir jemand entgegen aus den alten orientalischen Theokratien in der unmittelbaren Gegenwart.

Nicht wahr, in dem Talar steckte ja in diesem Falle eine ganz gegenwärtige Seele, sogar eine Anthroposophenseele, die sich vielleicht sogar noch zuschreibt, Zukunft in sich zu haben; aber dasjenige, was unmittelbar symptomatisch physiognomisch, möchte ich sagen, sich ausdrückte, das ist Geschichte, das ist Geschichte in der Gegenwart.

Und so müssen wir, wenn wir das soziale Leben verstehen wollen, wenn wir selbst die wirtschaftlichen Verhältnisse verstehen wollen, die tagtäglich auf unserem Kaffeetisch am Morgen wirksam sind, die bewirken, wieviel wir aus unserem Portemonnaie nehmen müssen, um diesen Frühstückstisch zu besorgen, wir müssen, um diese Verhältnisse zu verstehen, einen Überblick haben über die soziale Entwickelung der Menschheit. Und diese soziale Entwickelung der Menschheit wird heute, gerade wenn man die soziale Frage anschaut, fast nur im materialistischen Sinne behandelt.

Man muß zuerst hinschauen auf ganz andersartige Verhältnisse, die einmal innerhalb der geschichtlichen und vorgeschichtlichen Entwickelung der Menschheit waren. Man muß schon hinschauen auf jene sozialen Gemeinschaften, die man gerade als die orientalischen, noch stark nach Westen herüberwirkenden Theokratien auffassen kann.

Das waren ganz andere soziale Gemeinschaften. Das waren soziale Gemeinschaften, in denen die Struktur der menschlichen Verhältnisse bewirkt worden war durch die Inspiration einer den übrigen Verhältnissen der Welt fremden Priesterschaft. Da hat man herausgeholt aus demjenigen, was sich einem an geistigen Impulsen ergab, die Impulse für die äußere Welt. Wenn Sie noch sehen, wie in Griechenland, in Rom, die soziale Struktur ist: ein ungeheures Sklavenheer, darüber eine in sich selbst zufriedene, wohlhabende – die Worte sind natürlich relativ gemeint – Oberschicht, dann können Sie diese soziale Struktur nicht verstehen, ohne daß Sie hinschauen auf deren Ursprung, auf den theokratischen Ursprung, innerhalb dessen es möglich war, diese soziale Struktur als ein Gottgegebenes oder Göttergegebenes den Menschen glaubhaft zu machen, glaubhaft nicht nur für den Kopf, glaubhaft für das Herz, glaubhaft für den ganzen Menschen; so daß der Sklave tatsächlich sich in der richtigen Weise durch die göttliche Weltenordnung einmal an seinen Platz hingestellt fühlte. Nur aus dem Durchsetztsein der äußeren materiell-physischen sozialen Struktur mit inspirierten Geboten ist das soziale Leben in alten Zeiten der Menschheit zu erklären.

Und aus diesen Geboten, die eine der Welt entzogene Priesterschaft von außerhalb der Welt zu bekommen suchte, aus diesen Geboten ging nicht nur dasjenige hervor, was der Mensch für sein Seelenheil haben sollte, nicht nur, was er über Geburt und Tod dachte und empfand, sondern es ging dasjenige hervor, was das Verhältnis bilden sollte zwischen Mensch und Mensch. Aus dem weiten Orient herüber tönt nicht nur das Wort: «Liebe Gott über Alles», sondern auch das andere: «und deinen Nächsten als dich selbst.» Wir nehmen heute ein solches Wort «deinen Nächsten als dich selbst» sehr abstrakt auf. Es war nicht so abstrakt in der Zeit, als von dem inspirierten Priester dieses Wort in die Menge klang. Da wurde es zu etwas zwischen den Menschen Wirkendem, wofür später alle diejenigen konkreten Verhältnisse traten, die wir unter dem Namen des Rechtes und der Moral zusammenfassen. Denn diese Verhältnisse des Rechtes und der Moral, die sich erst später der Menschenentwickelung eingliedern, die waren in dem ursprünglichen göttlichen Gebote: «Liebe deinen Nächsten als dich selbst» enthalten durch die ganze Art und Weise, wie sie durch die inspirierte Priesterschaft in der Theokratie in die Welt hineingetragen wurden.

Ebenso waren die Verrichtungen des Wirtschaftslebens, dasjenige, was der Mensch tun sollte, was er tun sollte mit dem Vieh, was er tun sollte mit Grund und Boden – Sie finden den Nachklang dazu noch in der mosaischen Gesetzgebung –, das war aus den göttlich gedachten Eingebungen heraus festgestellt. Der Mensch fühlte sich als von den göttlichen Mächten in bezug auf sein geistiges Leben, in bezug auf sein Rechtsleben und moralisches Leben, in bezug auf sein Wirtschaftsleben in das Irdische hineingestellt. Eine einheitliche Struktur, wo die Glieder deshalb, weil *ein* Impuls in ihnen steckte, zusammenwirkten, war die Theokratie. Die drei Glieder: Geistesleben, Rechts-, dasjenige was wir heute auch Staatsleben nennen, dasjenige was wir Wirtschaftsleben nennen, war in einem einheitlichen Organismus, der durchpulst wurde von dem, was nicht auf der Erde zu finden war an Impulsen, zusammengefaßt.

In der weiteren Entwickelung der Menschheit ist das das Eigentümliche, daß diese drei Impulse, Geistesleben, staatlich-juristisch-moralisches Leben, und wirtschaftliches Leben, auseinanderdrängten, sich differenzierten. Aus dem einen Strom, der in den Theokratien als einheitliches Menschenleben dahinfloß, wurden allmählich zwei, wie ich gleich nachher zeigen werde, und nachher drei; und diesen drei Strömen stehen wir heute gegenüber.

Dasjenige, was sich aus diesem einen Strom der Theokratie ergeben hat, will ich nachher in dem zweiten Teile nach der Übersetzung besprechen.

Meine Damen und Herren, die Theokratie, so wie sie in alten Zeiten bestanden hat mit der Inspiration der Mysterienpriester, die hineinfloß in die soziale Struktur, in das juristisch-moralische und auch in das wirtschaftliche Leben, diese Theokratie wird, um nur das eine anzuführen, im wirtschaftlichen Leben bloß fertig, kann nur zu Rande kommen mit demjenigen, was im wirtschaftlichen Leben bis zur Landwirtschaft geht, mit demjenigen, was zu tun hat mit dem Verhältnis des Menschen zu Grund und Boden. Es lassen sich gebotartige Verhaltungsmaßregeln für das wirtschaftliche Leben herausgestalten aus der Inspiration, wenn das wirtschaftliche Leben in seiner Hauptsache im Grund und Boden, in der Landwirtschaft, Viehzucht und so weiter begründet ist.

Das beruht darauf, daß eben ein eigentümliches Verhältnis besteht zwischen dem Menschen, der an den Grund und Boden sich anschmiegt. Er hat in seinem Herzen dasjenige, was entgegenkommen kann dem, was aus der Theokratie herauskommt.

In dem Augenblicke, wo in der Entwickelung der Menschheit anfangen Handel und Gewerbe eine größere Rolle zu spielen, in dem Augenblicke wird es anders. Die alten, die ältesten Theokratien, sie können nur verstanden werden, wenn man weiß, daß im wesentlichen alles wirtschaftliche Leben auf der Zugehörigkeit des Menschen zu Grund und Boden beruht, daß Handel und Gewerbe gewissermaßen nur oben aufgesetzt waren. Sie waren ja da, aber sie entwickelten sich so, daß sie sich im Anschluß an die Verhältnisse in bezug auf Grund und Boden, die Landwirtschaft entwickelten. Wir sehen in der Entwickelung der Menschheit, wie Handel und Gewerbe sich gewissermaßen emanzipieren von dem Landwirtschaftlichen, erst ganz in seinem Anfange im alten Griechenland, und dann deutlicher in dem alten römischen Reiche. Da sehen wir, wie gewissermaßen herauswächst wie etwas Selbständiges in der sozialen Struktur die Betätigung des Menschen im Handel und Gewerbe, und das gibt dem ganzen römischen Leben namentlich seine Konfiguration.

Als dasjenige, was sich für die Menschen aus dieser Emanzipation ergab im römischen Reiche, tief zu Herzen ging den Gracchen, *Tiberius Sempronius Gracchus* und *Gajus Gracchus*, als es in deren Herzen Wort annahm, zur Tat wurde, da entstanden die großen sozialen Kämpfe des alten Rom. Die erste Streikbewegung war im Grunde genommen im alten Rom, als die Menschen hinauszogen auf den «Heiligen Berg» und ihre Rechte verlangten, da entstand das Drängen nach einer Neugestaltung in die Zukunft hinein.

Und dasjenige, was man jetzt erst als etwas Selbständiges bemerkte, was früher hineingegliedert war in die ganze soziale Struktur, das ist die menschliche Arbeit, die ein besonderes Verhältnis von Mensch zu Mensch begründet. Wenn aus den Geboten heraus der Mensch weiß, er steht als ein Niedriggestellter einem Höhergestellten gegenüber, so fragt er nicht, wie er die Arbeit gestalten soll; dies ergibt sich aus dem menschlichen Verhältnis. In dem Augenblicke, wo die Arbeit als etwas Emanzipiertes, Selbständiges auftritt, ergibt sich die Frage: Wie stelle ich mich zu meinem Mitmenschen, damit meine Arbeit in der richtigen Weise sich hineingliedert in die soziale Struktur? – Handel, Gewerbe, Arbeit, das sind die drei wirtschaftlichen Faktoren, aus denen dann der Mensch angeregt wird, hervorzutreiben aus sich dasjenige, was das Recht ist, und auch, was die abgezogene Moral ist, die aus der Religion herausgezogene Moral. Und der Mensch fühlt sich dadurch veranlaßt, aus dem einen Strome der Theokratie zwei hervorgehen zu lassen: die alte Theokratie weiter gehen zu lassen und einen zweiten Strom, den Strom, der im wesentlichen der Strom des Kriegerischen und namentlich des Juristischen ist, daneben fließen zu lassen.

Daher sehen wir, wie, indem die orientalische Kultur sich herüberentwickelt nach Europa unter dem Einflusse von Handel, Gewerbe und Arbeit, das alte theokratische Denken übergeht in das juristische Denken, wie an die Stelle der alten Verhältnisse, die gar nicht Rechtsverhältnisse waren – versuchen Sie sich das klarzumachen noch aus der mosaischen Gesetzgebung –, sich entwickeln die Rechtsverhältnisse des

Eigentums, die Verhältnisse, die ausdrücken sollen die Beziehungen von Mensch zu Mensch.

Man sieht das entstehen im Keime zur Zeit der Gracchen, später mehr aufgehen zur Zeit des *Diokletian;* man sieht da, wie der zweite Strom neben den ersten sich hinstellt, und man sieht dieses im ganzen menschlichen Leben sich ausdrücken.

Man kann sagen: Im Oriente drüben, in den alten Theokratien war das, was die Menschen als Geistiges über die übersinnlichen Welten wissen sollten, alles selbstverständliche Theosophie. Theo-Sophia ist die konkrete Weisheit, die empfangen wurde durch Inspiration.

Als der Strom nach Europa herübergeht, stellt sich neben ihn die Jurisprudenz. Die Jurisprudenz kann keine Sophia mehr sein, denn sie handelt nicht von etwas, was einem eingegeben wird, sondern von etwas, was der Mensch selbst immer mehr und mehr im Verkehr von Mensch zu Mensch entwickelt. Da wird das Urteil maßgebend. Da tritt an der Stelle der Sophia die Logik auf, und die Jurisprudenz, in die jetzt alle soziale Struktur hineingegossen wird, wird vorzugsweise logisch. Die Logik, die Dialektik entwickeln ihre Triumphe, nicht etwa in der Naturwissenschaft, sondern gerade in dem juristischen Leben, und alles menschliche Leben wird in diesen zweiten Strom, in die Logik hineingezwängt. Begriff des Eigentums, Begriff des persönlichen Rechtes, all das sind ja realisierte logische Kategorien.

Und die Sache hat eine so starke Kraft in dieser zweiten Strömung, daß diese Kraft auf die erste Strömung abfärbt. Aus der Theosophia wird eine Theologia. Der erste Strom wird also durchaus beeinflußt von dem zweiten Strom. Und wir haben jetzt nebeneinander ein Altbewahrtes, eine alte Theosophia, die, indem sie weniger lebendig, etwas dürrer, etwas magerer auch geworden ist, als sie in ihrer Jugend war, nun Theologia wird, und daneben die Jurisprudentia, die eigentlich in dieser Art alles umfaßt bis ins 15., 16., 17. Jahrhundert hinein, was in den verschiedenen Masken auftritt, die auch noch wirkt in dem gesamten wirtschaftlichen Leben der Menschheit.

Jurisprudenz wirkte auch in *Adam Smith,* auch wenn er das wirtschaftliche Leben in Betracht ziehen will. Lesen Sie Adam Smith einmal mit dem Gefühl, da rumort juristisches Denken; aber das wirtschaftliche Leben kommt herauf. Nun will er in die alten Begriffe des Juristischen – damals waren sie ja schon wiederum alt geworden –, da will er hineinzwängen, was als wirtschaftliches Leben in Komplikationen heraufkommt, nachdem das naturwissenschaftliche Denken die Technik und so weiter ergriffen hat.

Und so sehen wir, wie eine Zeitlang innerhalb der eigentlichen zivilisierten Menschheit die zwei Ströme sich herausbilden, die Theologia, die dann auf der einen Seite in die Wissenschaft einmündet – denn es ist ja überall nachzuweisen, wie die späteren Wissenschaften, auch die Naturwissenschaft, sich aus der Theologia heraus entwickeln. Aber die Menschen haben mittlerweile das dialektisch-logische Denken gelernt, das tragen sie jetzt in alles hinein, auch in die Wissenschaft. Und so entwickelt sich die neuere Zeit. Mit überwältigender Komplikation kommen die sozialen Verhältnisse, die wirtschaftlichen Verhältnisse herauf. Die Menschen sind gewohnt noch an das theologisch juristische Denken, und das tragen sie nun noch extra in die Naturwissenschaft hinein. In der Naturwissenschaft bemerkt man es nicht mehr. Man glaubt nicht, wenn man das Auge über das Mikroskop hält, oder wenn man durch das Teleskop in den Sternenhimmel hineinschaut, oder wenn man gar ein niederes Tier zergliedert, um daran den Organismus zu studieren, man glaubt es nicht, daß man eine historische Phase des menschheitlichen Denkens da hineingetragen hat, und nicht etwas Absolutes. Und so nimmt in der neueren Zeit dieses naturwissenschaftliche Denken durchaus die Menschheit, die Zivilisation in Anspruch: es soll über alles so gedacht werden, wie naturwissenschaftlich gedacht wird. Das ist heute nicht etwa bloß in den Gebildeten sitzend, das sitzt in der ganzen Menschheit, bis in den primitivsten Menschen hinein.

Ich möchte nicht mißverstanden werden auch hier, aber ich möchte eine Bemerkung machen. Wenn heute so etwas auseinandergesetzt wird, wie ich es zum Beispiel in bezug auf die Erziehung in den verflossenen Tagen tat, da muß auch dasjenige hineingebracht werden, was vom Spirituellen aus die Naturwissenschaft beleuchtet. Wenn der heutige Mensch, der an der Naturwissenschaft herangebildet ist, an diese Dinge herankommt, dann findet er: Ja, was da gesagt wird, das steht nicht in einem Physiologiebuch; was da gesagt wird, das habe ich nicht gehört vom physiologischen Katheder herunter, also ist es falsch. – Man setzt nicht voraus, daß dasjenige, was dort nicht gesagt werden kann, daß all das, was von mir in bezug auf Naturwissenschaftliches gesagt ist, durchaus nachgeprüft ist, daß es voll berücksichtigt dasjenige, was im Physiologiebuch steht, und was vom Katheder herunter als Physiologie gelehrt wird. Aber es ist die Menschheit heute so gestaltet, daß man gar nicht weiß, wie das eine aus dem anderen heraus sich ergibt. Und so ist heute die glänzende Naturwissenschaft, die ja voll anerkannt wird innerhalb des Anthroposophischen, diese Naturwissenschaft ist heute – nicht durch das, was sie selber sagt, sondern durch die Menschen, durch die Art, wie die Menschen sie auffassen – ein Hemmnis. Und ich möchte sagen, man kann es in der Entwickelung der neuesten Menschheit handgreiflich machen, wie sie ein Hemmnis ist.

Sehen Sie, da gab es einen Menschen, der Ihnen seinem Namen nach gut bekannt ist, *Karl Marx,* der in der neueren Zeit besonders eindringlich für Millionen und Millionen von Menschen über das soziale Leben geredet hat. Wie hat er geredet? Nun, er hat geredet, wie der repräsentative Mensch des naturwissenschaftlichen Zeitalters über das soziale Leben reden muß.

Stellen wir uns einmal vor Augen, wie dieser repräsentative Mensch reden muß. Der Naturwissenschafter, der hat die Gedanken im Kopfe. Darauf gibt er nicht viel; er gibt erst etwas auf die Gedanken, wenn sie sich ihm verifiziert haben unter dem Mikroskop oder durch einen anderen Versuch oder durch irgendeine Beobachtung. Aber dasjenige, was er beobachtet, das muß ganz vom Menschen abgesondert sein, das darf nicht irgendwie verknüpft sein, das muß herangetragen sein. Und so muß derjenige, der naturwissenschaftlich denkt, einen Abgrund sehen zwischen seinem Denken und dem, was ihm herangetragen wird.

Nun, Karl Marx hat dieses Denken, das man nicht heranlassen will an die äußere Welt, zwar nicht ganz im Sinne der neuesten Naturwissenschaft gelernt, möchte ich sagen, aber er hat es in einer älteren Form gelernt als Hegelsche Dialektik. Es ist im Grunde genommen nur eine andere Färbung des naturwissenschaftlichen Denkens. Da, als er dieses Denken des modernen Menschen lernte, da stand er in seinem

Milieu drinnen. Aber er war Repräsentant des naturwissenschaftlichen Zeitalters, da konnte er ja gar nichts damit anfangen. Er war ein Deutscher, er stand drinnen in der deutschen logisch-dialektischen Denkweise. Aber aus der heraus konnte er nichts anfangen, geradeso wie der Naturwissenschafter nichts anfangen kann mit seinen Gedanken. Er wartet, was ihm das Mikroskop oder Teleskop zeigt. Das muß von außen kommen. Karl Marx konnte mit seinen Gedanken nichts anfangen. Und da er schon einmal aus seiner Haut nicht herausfahren konnte, fuhr er aus Deutschland heraus und ging nach England. Da traten ihm die sozialen Verhältnisse von außen gegenüber, wie dem Naturwissenschafter das Mikroskop oder Teleskop. Da hatte er eine Außenwelt. Da konnte er so reden und eine soziale Theorie nach naturwissenschaftlichem Muster begründen, wie der Naturwissenschafter seine Theorie begründet. Und weil diese Denkweise den Leuten tief im Leibe sitzt, wurde das ungeheuer populär. Und weil nun schon einmal das, was sich bloß auf die äußere Natur bezieht, maßgebend ist, wenn man über den Menschen so redet wie über die äußere Natur, wie es Karl Marx getan hat, so schaut das alles, was man über den Menschen sagt, auch über seine sozialen Verhältnisse, so aus, wie wenn es Natur wäre. Was ich über den Jupiter sage, was ich über das Veilchen sage, was ich über den Regenwurm sage, das kann ich in Island ebenso sagen wie in Neuseeland, und in England ebenso wie in Rußland. Das gilt für die ganze Welt. Da brauche ich mich nicht zu konkretisieren, das muß allgemein gelten.

Wenn man also nach dem Muster des Naturwissenschaftlichen eine soziale Theorie begründet, so begründet man scheinbar etwas, was über die ganze Erde hin gilt, was überall daraufgesetzt werden kann. Das ist überhaupt die Eigentümlichkeit der juristisch-staatlichen Denkweise, die nur ihren Gipfelpunkt in dem Marxismus gefunden hat, daß sie das Allgemein-Abstrakte wie ein allgemeines Kleid überall draufsetzen will. Das finden Sie schon da, wo noch gar nicht sozialistisch, sondern nur juristisch-logisch gedacht wird, zum Beispiel bei *Kant* mit dem kategorischen Imperativ, der Ihnen ja vielleicht auch als etwas Ausländisches bekannt sein wird.

Meine Damen und Herren, dieser kategorische Imperativ, der sagt:

Handle so, daß die Maxime deines Handelns für jeden Menschen gelten kann. – Im konkreten Leben läßt sich das nicht anwenden, denn man kann niemandem sagen: Laß dir vom Schneider deinen Rock so machen, daß er für jeden Menschen passen kann. Aber nach diesem Muster, das überhaupt das logische Muster ist, nach diesem Muster ist schon das alte juristisch-staatliche Denken geformt. Das erreicht seinen Gipfelpunkt im marxistisch-sozialen Denken.

Und so sieht man, wie zuerst realisiert, verwirklicht wird dasjenige, was durch Marx auf naturwissenschaftliche Art beobachtet ist, indem er deutsches Denken betätigte am englischen Wirtschaftsdasein.

Nun wird es wieder zurückgetragen nach Mitteleuropa. Da lebt es sich in den Willensimpulsen der Menschen aus.

Und dann wird es noch weitergetragen ganz nach dem Osten. Im Osten nun ist sogar vorbereitet dieses Überstülpen des rein Abstrakten über die konkret menschlichen Verhältnisse. Denn im Osten sehen wir, wie dem Marx schon vorgearbeitet hat *Peter der Große*. Peter der Große hat schon den Westen in das russische Leben hineingeschoben, während Rußland in seiner Seele vielfach orientalischen Charakter trägt und die Menschen die Theokratie noch stark im Leibe haben, wurde durch ihn das Juristisch-Staatliche hineingetragen und Petersburg mehr im Westen, neben Moskau gesetzt.

Man verstand nicht, daß das zwei Welten sind, Petersburg Europa ist und Moskau Rußland ist, wo noch tief hineinspielt die orientalische Theokratie in ihrer Reinheit. So daß, als dann *Solowjow* eine Philosophie bildete, sie natürlich nicht so wurde wie die dialektisch-naturwissenschaftliche Philosophie des *Herbert Spencer*, sondern sie wurde theosophisch. Aber Solowjow ist Moskau. Solowjow ist nicht Petersburg. Ich meine auch nicht, daß in Rußland nur so die Dinge geographisch getrennt werden können. *Dostojewski*, er mag noch so sehr an Moskau gekettet sein, Dostojewski, er mag noch so weit nach Osten gehen, ist Petersburg. Und die Erlebnisse in Rußland verlaufen zwischen Petersburg und Moskau. Moskau ist Asien, theokratisch angeschaut, heute noch; Petersburg ist Europa.

Und in Petersburg wurde bereits vorbereitet auf staatlich-juristische Art dasjenige, was dann der Leninismus vollständig an Rußland verbrochen hat, wo etwas dem russischen Wesen so Fremdes, aber als die letzte Konsequenz des westeuropäischen Wesens aufgeprägt wurde, als etwas Abstraktes, so Fremdes, daß man sagen kann: Ebensogut hätte man dasjenige, was *Lenin* da in Rußland gemacht hat, auf dem Monde oder irgendwo anders machen können. Es kam gar nicht in Betracht, daß das Rußland ist, wo gerade Lenin regieren wollte.

So haben sich allmählich die Verhältnisse ergeben, daß man gar nicht sich konkretisiert, indem man auf das Soziale hinsieht. Aber das muß man, meine Damen und Herren. Man muß sich klar sein darüber, daß in der Entwickelung der Menschheit das geistige Leben früher entstanden ist als das juristisch-staatliche, daß das als ein zweiter Strom sich neben den ersten gestellt hat, und daß vielleicht jetzt auch etwas anderes eintreten muß, als dieses bloße Abfärben der Jurisprudenz auf die Theosophie, so daß sie sie in die Theologie verwandelt; daß vielleicht das geistige Leben neu erwachen muß in einer neuen Form.

Denn die Sache ist doch so, daß die Evolution der Menschheit so vor sich ging, daß mancherlei aus dem geistigen Leben der alten Zeit seine Form in sich noch behalten hat. Es hat nicht bloß den Talar und das Barett, es hat auch die Gedankenformen behalten. Diese Gedankenformen, die passen nicht mehr auf eine Welt, in die Handel, Gewerbe und Arbeit hineingetragen wurden als emanzipiert, so daß das geistige Leben heute vielfach als ein abgesondertes Glied neben dem übrigen Leben steht, am meisten, je mehr man nach Westen kommt.

In Rußland, in Moskau-Rußland ist es noch am wenigsten der Fall. In Mitteleuropa drehen sich alle Kämpfe, auch die sozialen, darum, daß man kein rechtes Verhältnis findet zwischen dem dialektisch-juristisch-staatlichen Element und dem theokratischen Element. Man weiß nicht, ob man nun den Talar und das Barett behalten kann, wenn man sich als Richter hinsetzt, oder ob man sie ausziehen soll. Die Rechtsanwälte schämen sich heute schon damit, die Richter finden noch etwas sehr Würdiges dabei, den Talar anzuhaben. Man weiß es nicht. In Mitteleuropa ist ein starker Kampf; in Westeuropa ist das Theokratische sehr stark konserviert in dem geistigen Leben, sehr stark in den Gedankenformen konserviert.

Aber der zweite Strom in der Menschheit hat sich ja heraufentwickelt.

Wir haben auf der einen Seite den Menschen, wenn wir das als Symptom betrachten, wunderbar konservierend das Alte – Talar, Barett –, und nun möchte man sehen, daß er Talar und Barett ausziehe und darunter etwas anderes hätte, ein zweites, ob es nun ein Königsmantel oder ein Kriegermantel sei, aber es müßte etwas sein, was nun in das Rechtsverhältnis, in das Staatsverhältnis sich hineinstellt. Und so, ich möchte sagen, wenn man ihm auf der Straße heute begegnet, möchte man ihm, um ihn als einen vollständigen Menschen zu sehen, Talar und Barett ausziehen und darunter etwas wie eine Art Kriegermantel finden, oder etwas, was in die Juristenstube paßt; dann würde man die zwei Strömungen im Menschen nebeneinander lebend haben.

Ich muß Ihnen gestehen – nicht wahr, es ist scherzhaft ausgesprochen, aber es ist doch sehr real gemeint –, wenn ich heute einem Menschen in Talar und Barett auf der Straße begegne, so kommt mir der Gedanke: Ja, wenn du jetzt einen Brief schreiben solltest, du wüßtest doch nicht, sollst du 768 vor Christi Geburt schreiben, oder sollst du schreiben, weil doch wiederum vielleicht in diesem Talar drinnen ein Rechtsgelehrter ist, 1265 nach Christi Geburt? Man kommt mit dem Datum nicht zurecht, weil Vergangenheit, ältere und mittlere Vergangenheit – Gegenwart braucht man dabei noch gar nicht zu berücksichtigen, auf das heutige Datum würde ich zuletzt kommen bei der Sache – weil sich weiter zurückliegende Vergangenheit und weniger weit zurückliegende Vergangenheit nebeneinanderstellen als zwei Strömungen. Und sie stellen sich so nebeneinander wie Moskau und Petersburg.

Und man hat die Frage vor sich: Wie kommt wirkliche Organisation, wirkliche Gliederung hinein in dasjenige, was heute nebeneinander steht? Diese Zweigliederung, die ich bis jetzt angeführt habe, werden wir dann auslaufen sehen in eine Dreigliederung in der modernen Zeit, wo die drei Glieder ebenso nebeneinander stehen.

Dreigliederung, meine Damen und Herren, ist ja nicht so gemeint, daß man jetzt eine schöne Einheit hat im sozialen Leben und nun drei Schnitte machen soll, daß die drei Glieder sich nebeneinander entwickeln, sondern die Dreigliederung ist so gemeint, daß sie da ist, wie im Menschen die drei Glieder sind: Kopf-Nervensystem, das rhythmische System und das Stoffwechselsystem. Nur müssen die ordentlich zusammenwirken, und es muß jedem das Seine zugeteilt werden. Wenn der Verdauungsorganismus wenig arbeitet und zuviel von seiner Arbeit an den Kopf abgibt, dann entstehen allerlei migräneartige Krankheiten.

Wenn das geistige Glied des sozialen Organismus nicht ordentlich arbeitet, zuviel, sagen wir, an das Wirtschaftliche abgibt, denn das ist der Kopf heute des sozialen Organismus, dann entstehen allerlei soziale Krankheiten.

So muß man diese Dinge mit der Entwickelung, mit der Evolution der Menschheit in Zusammenhang bringen, wenn man hineinsehen will in das soziale Leben. Dieses gestattet am allerwenigsten eine Oberflächenansicht. So müssen wir schon dahin kommen, in Talar und Barett solche Formen hineinzubringen, die einem nun auch möglich machen, die zwei geschichtlichen Daten ineinander zu denken. Das ist dann Gegenwart. Sonst bleibt Vergangenheit Vergangenheit mit den nebeneinanderlaufenden Strömungen, die heute eben gerade als der Urgrund der sozialen Krankheit in der Welt dastehen, wenn es auch die Menschen nicht glauben. Das Weitere will ich dann im dritten Teile meines heutigen Vortrages sagen.

Meine Damen und Herren, da die Zeit vorgeschritten ist, werde ich dasjenige, was ich heute noch zu Ihnen zu sagen habe, sehr kurz halten. Es führt uns ja auch bereits in die Gegenwart, in diese Tage herein, und daher werde ich mir das Wesentlichste aufzusparen haben auf den nächsten Vortrag. Was ich heute noch sagen möchte, ist dieses: Zu jenen zwei Strömungen, die ich charakterisiert habe, kommt immer mehr und mehr von dem Beginn des 15. bis 16. Jahrhunderts an, am deutlichsten aber im 19. Jahrhundert, ein dritter Strom. Er kommt um so deutlicher hinzu, je mehr sich die Kultur nach dem Westen bewegt. Es kommt zu demjenigen, was ursprünglich theokratisch angepaßt war dem Grund und Boden, der Landwirtschaft, zu dem kommt hinzu in den mittleren Gegenden das Juristische, das angepaßt ist Handel, Gewerbe, Arbeit. Und im Westen kommt nun hinzu immer mehr und mehr das, was man später begreift unter dem Namen des Industriellen, des eigentlich Industriellen mit all dem, was technisch sich diesem Industriellen einfügt.

Bedenken Sie nur, was die Einfügung des eigentlichen industriellen Elements in die Evolution der Menschheit bedeutet. Die heutigen Verhältnisse ließen sich leicht umrechnen auf dasjenige, was ich jetzt anführen will, aber ich will es für einen etwas früheren Zeitpunkt anführen, ungefähr für die achtziger Jahre des vorigen Jahrhunderts. Da konnte man schon sagen: Wenn man die physischen Menschen auf der Erde zählen würde, man würde etwa 1500 Millionen Menschen finden. Aber das ist nicht die richtige Bevölkerung der Erde. Das wäre nur die richtige Bevölkerung der Erde, wenn wir noch im tiefen Altertum drinnen lebten, wo die Menschen im wesentlichen alle Arbeit verrichteten durch ihre Hände oder durch dasjenige, was etwa zusammenhing mit dem Menschen, so wie die Hand beim Führen des Pfluges oder beim Führen des Pferdes und so weiter. Es war bereits im 19. Jahrhundert eingezogen in die Erdenwelt eine ganz neue Bevölkerung; die Maschinen, die dem Menschen einen Teil der Arbeit abgenommen haben. Und wenn man rechnet, auch schon für die achtziger Jahre des vorigen Jahrhunderts, wieviel an menschlicher Arbeit die Maschine dem Menschen abgenommen hat, dann kommt man dazu, daß man als Erdenbevölkerung dann anzusehen hat 2000 Millionen Menschen, 25 Prozent mehr. Heute ist es, wenigstens vor dem Kriege war es noch viel mehr so, daß wir, wenn wir bloß physisch die Menschen heute anschauen auf der Erde, eine ganz falsche Erdenbevölkerungszahl bekommen. Wir müssen 500 Millionen mehr Menschen auf der Erde annehmen nach der verrichteten Arbeit.

Das hat in der Tat zu dem alten theokratischen und juristischen Strome ein ganz neues Element gebracht, einen ganz neuen Strom in den realen Verhältnissen, denn es hat den Menschen nicht etwa näher hingebracht an die Außenwelt, sondern es hat den Menschen mehr auf sich selbst zurückgewiesen. Der Mensch stand im Mittelalter so, daß ein Teil von ihm war, was er, sagen wir, als einen Schlüssel machte zu einem Schloß oder das Schloß selber. Da ging, was der Mensch betätigte, in die Arbeit über. Wenn der Mensch an der Maschine steht, es ist ihm ganz einerlei, etwas relativ gesprochen, wie sein Verhältnis zur Maschine ist. Dadurch wird er um so mehr auf sich zurückgewiesen. Seine Menschlichkeit empfindet er. Der Mensch tritt als ein ganz neues Wesen in die Entwickelung ein. Er löst sich los von seiner äußeren Betätigung.

Das ist es, was im Westen als das demokratische Element in den letzten Jahrhunderten heraufkommt, aber erst als eine Forderung, als ein Postulat, nicht wie irgend etwas Realisiertes. Denn die Verhältnisse überwältigen den Menschen. Die Menschen können nur theokratisch oder juristisch denken. Aber das Leben wird industriell-wirtschaftlich mit überwältigenden Forderungen. Da hinein gehen noch nicht die Gedanken. Selbst ein solcher Mensch wie Marx hat nur juristisch gedacht. Und das Verständnis, das er gefunden hat bei Millionen und Millionen, ist nur juristisch.

Und so kann man sagen: Dadurch trat eine dritte Strömung, über die wir namentlich im nächsten Vortrag werden zu sprechen haben, neben die zwei anderen hin. Der proletarische Mensch wird geboren. Das, was im proletarischen Menschen rumort, das lebt sich aus als eine bestimmte Auffassung über Kapitalismus, über Arbeit. Die Menschen sind gezwungen, diese Probleme aus dem Leben heraus sich vorzuhalten. Jetzt ist die Evolution der Menschheit eigentlich erst Gegenwart.

Man könnte sagen: da steht der Mann mit dem Talar und Barett, wunderbar schön, herrlich; er ragt herein aus der Vergangenheit. Da steht der Mann mit dem Kriegermantel und mit dem Degen als Verkörperung des Juristischen – das Kriegerische ist nur eine andere Seite des Juristischen –, die spätere Vergangenheit, noch nicht Gegenwart. Und wenn ich den Mann in Talar und Barett sehe, so kann er ja noch, weil sich die Menschheit schon jahrhundertelang da hinein gewöhnt hat, unter Umständen ein guter Rechtsanwalt, ein guter Advokat sein. Da werde ich die Disharmonie noch nicht so stark empfinden. Aber wenn er nun ins wirtschaftliche Leben hineingestellt sein soll – da habe ich fast die Vermutung, wenn er nicht trotz Barett und Talar gerade dazu befähigt ist, sich ins wirtschaftliche Leben aktiv hineinzustellen, daß er bloß sein Geld verlieren wird! Denn die Menschheit ist im allgemeinen noch nicht hineingewachsen in dasjenige, was diese dritte Strömung im Leben bedeutet. Und das ist sie auch im großen nicht. Daher steht die soziale Frage vor uns als eine Menschheitsfrage. Denn neben die Maschine ist der Mensch hingestellt. Wir müssen heute die soziale

Frage nicht als eine Wirtschaftsfrage, wir müssen sie als eine Menschheitsfrage erfassen können, und wir müssen verstehen, daß wir sie innerhalb der Menschheit lösen müssen.

Dazu fehlen aber noch die Gedankenimpulse, wie sie vorhanden waren für das Theokratische und für das Juristische. Für das Wirtschaftliche fehlen sie noch. Und die Kämpfe der Gegenwart gehen darum, Gedankenimpulse zu finden für das Wirtschaftliche, wie man sie gefunden hat für das Theokratische und für das Juristische. Das ist im wesentlichen heute noch der Inhalt der sozialen Frage. Im großen ist man dabei noch weniger auf einem heilsamen Wege als im kleinen. Die Staaten, die plötzlich empfangen sollten dieses industrielle Wirtschaftsleben, die haben es sich in ihre alten juristischen Formen eingliedern wollen. Und da sie das nicht gekonnt haben, verfielen sie auf dasjenige, was eine Art Ventil war, um es nicht nötig zu haben zunächst, das Wirtschaftsleben wirklich neben das Staatsleben hinzuentwickeln. Und dieses Ventil ist das Kolonisieren. Weil man nicht die Möglichkeit fand zu starken sozialen Ideen im Inneren, machte man sich zunächst etwas wie einen Ausweg im Kolonisieren.

Das ging bei England. Bei Deutschland ging es nicht. Deutschland konnte sich seine Industrie nicht eingliedern, unzweifelbar deshalb, weil das Kolonisieren nicht ging. Und die große Frage steht heute vor der Menschheit: Wie macht es der Mensch mit dem wirtschaftlichen Leben, ebenso wie er es einstmals mit dem theokratischen, wie er es mit dem Juristischen gemacht hat.

Diese große Frage glaubt man heute, könne auf rein materialistische Weise gelöst werden. Jeder will sie aus dem Wirtschaftsleben heraus lösen. Hier soll gezeigt werden in bescheidenen Anfängen, daß sie nur auf spirituellem Wege gelöst werden kann. Das soll dann der Inhalt meiner zwei nächsten Vorträge sein.

ZWEITER VORTRAG

Oxford, 28. August 1922

Soziale Impulse in der Gegenwart

Meine Damen und Herren! Wer in der Gegenwart über die soziale Frage denken will, der muß vor allen Dingen berücksichtigen, daß in der wirklichen Welt die Wirkungen aus Ursachen herkommen, an die man gewöhnlich, wenn man nur eine Oberflächenbetrachtung anstellt, gar nicht denkt. Man sieht bei einer solchen Betrachtung dasjenige, was sich an der Außenseite der Wirklichkeit abspielt, und man sieht nicht die eigentlichen tieferen Ursachen, die tieferen Gründe. Deshalb sind aufgetreten und treten noch immer auf so viele gut gemeinte utopistische Vorstellungen, mit denen man glaubt, das soziale Leben, wie es heute fordernd auftritt, bewältigen zu können. Es ist von mir nun der Versuch gemacht worden, in einem sehr wichtigen Momente, in dem Momente zwischen dem Kriegsabschlusse und dem Versailler Friedensversuch in einigen Linien darzustellen, wie man sich denken könnte die Gliederung als eine organische im gegenwärtigen sozialen Organismus nach den drei Teilen des sozialen Lebens, die ich mir erlaubte, im letzten Vortrag zu charakterisieren.

Ich habe im letzten Vortrage darauf aufmerksam gemacht, wie im Laufe der geschichtlichen Entwickelung der Menschheit drei stark voneinander geschiedene Strömungen aus einer ursprünglichen Strömung, aus der theokratischen Strömung heraus, entstanden sind, wie gegenwärtig nebeneinanderliegen im sozialen Organismus das geistige Leben, das juristisch-staatliche Leben und das wirtschaftliche Leben. Ich hatte ausdrücklich bemerkt, daß ich nicht etwa die Meinung habe, man brauche theoretisch erst den sozialen Organismus in diese drei Glieder zu teilen. Das käme mir in meiner wirklichkeitsgemäßen, nicht theoretischen Ansicht so vor, als wenn jemand nachdenken wollte, wie er den Menschen in Kopf, Brust und Gliedmaßen erst teilen sollte. Die Teilung im sozialen Organismus ist eine geschichtlich gewordene und ist einfach heute da, und es handelt sich heute nicht darum, nachzudenken darüber, wie man den sozialen Organismus in drei Glieder trennen soll, sondern wie man die Verbindungsglieder finden soll zwischen den drei Gliedern, die da sind.

Wenn man über diese Frage als die soziale Grundfrage in unserer Zeit richtig denken will, dann muß man ganz wirklichkeitsgemäß denken, nur aus den Tatsachen heraus denken. Dann aber denkt man für einen bestimmten Zeitpunkt und für einen bestimmten Ort. Und ich habe in meinem Buche: «Die Kernpunkte der sozialen Frage», weil das Buch vom südlichen Deutschland, von Stuttgarter Freunden aus von mir gefordert worden ist – ich habe es nicht aus eigenem Antrieb geschrieben, es ist mir abgefordert worden –, ich habe dieses Buch geschrieben für jenen Zeitpunkt Frühjahr 1919, Ort Süddeutschland, weil ich mir vorgestellt habe, daß, wenn die Menschen zum Willen kommen, der Wille in der Zeit und an dem Orte gerade so geartet sein könne, daß man Verständnis finden werde für dasjenige, was nun nicht als Programmpunkte, sondern als Willensrichtungen in diesem Buche angedeutet ist.

Nun liegt die Sache so, daß die Frage, die in diesem Buch berührt wird, eine ganz andere ist für den Osten der zivilisierten Welt, für Rußland, Asien, eine ganz andere ist für Mitteleuropa, und eine ganz andere ist für den Westen, für England und Amerika. Das ergibt sich aus einem wirklichkeitsgemäßen Denken. Denn dasjenige, was ich im letzten Vortrag charakterisiert habe, das Hervorgehen der industriellen Weltordnung aus den beiden früheren, so daß sie neben ihnen als eine besondere Strömung weiterläuft, das hat sich vorzugsweise unter dem Einfluß der westlichen Länder entwickelt. Es hat sich entwickelt unter dem Einflusse desjenigen, was im 18. Jahrhundert in den westlichen Ländern Sitte, Gewohnheit, soziale Ordnung war, hat sich da hineingepaßt. Will man es konkreter, genauer charakterisieren, so muß man sagen: England ist im Laufe der neueren geschichtlichen Entwickelung die große Handelsnation geworden. Dasjenige, was, ich möchte sagen, jedes dritte Wort heute in der sozialen Proletarierfrage ist, das Kapital, das hat sich für Westeuropa unter dem Einflusse der großen Handelsverhältnisse entwickelt als kommerzielles Kapital.

Ja, meine Damen und Herren, das gibt einer Sache einen ganz bestimmten Charakter, denn das kommerzielle Wesen hat sich organisch herausentwickelt in der neueren Zeit aus den westlichen Lebensgewohnheiten und Lebenssitten. Es hat tatsächlich *Karl Marx* in England etwas anderes angeschaut, als was er in Deutschland um sich hatte. Er hat von Deutschland nur die Theorie gebracht, das Denken, die Dialektik. Er hat hier ein fremdes soziales Strukturgebilde angeschaut. Und so muß man sagen: Alles dasjenige, was dann als industrielle Ordnung aufgetaucht ist, das ist in kontinuierlicher Fortentwickelung als ein nächstes Glied der kommerziellen Entwickelung im Westen aufgetaucht. Industrielles hat sich in organischer Weise aus dem Handel heraus entwickelt.

In Mitteleuropa und in dem repräsentativen Lande Mitteleuropas, in Deutschland, war das nicht der Fall. Deutschland war noch bis in die Mitte des 19. Jahrhunderts im wesentlichen ein Agrarland, ein Land, in dem die Landwirtschaft weitaus dominiert hat. Und dasjenige, was da war als die moderne Industrie, diese moderne industrielle Strömung, die sich als dritte neben die beiden anderen hingestellt hat, das war ein staatliches Gefüge, ein Gefüge, das sich staatlich immer mehr und mehr konsolidierte, und das daher die Tendenz entwickelte, den Industrialismus in das Staatsgebilde hineinzugliedern, zu absorbieren.

Vergleichen Sie nur einmal wirklichkeitsgemäß Mitteleuropa, wie es vor dem Kriege war, mit Westeuropa vor dem Kriege. In Westeuropa hat sich das wirtschaftliche, das ökonomische Wesen in einer gewissen Emanzipation vom Staate erhalten, und das geistige Wesen erst recht. Das steht in einer gewissen Selbständigkeit den anderen beiden Gliedern gegenüber.

In Mitteleuropa entstand eine kompakte Masse aus Geistesleben, juristischem Staats- und Verfassungsleben und Wirtschaftsleben. In Deutschland mußte man daher daran denken, wie man die drei Glieder auseinanderbringt, um sie dann organisch zum Zusammenwirken zu bringen, wie sie sich nebeneinander zu stellen haben, um sie nebeneinander zur Wirksamkeit zu bringen, um die Bänder zwischen ihnen zusammenzubringen.

Hier im Westen handelt es sich darum, daß die drei Glieder nebeneinander daliegen, daß sie deutlich voneinander gesondert sind, daß man selbst räumlich das geistige Leben so zusammengefaßt findet wie hier in Oxford, wo man das Gefühl hat, als ob es draußen überhaupt keine Staats- und keine wirtschaftliche Welt mehr gäbe, als ob alles Geistige souverän und autonom dastünde. Aber man hat auch das Gefühl, dasjenige, was in diesem souveränen Geistesleben sich entwickelt, das hat nicht mehr die Kraft, hinauszuwirken in die beiden anderen Glieder. Das ist etwas, was nur in sich selber lebt, was nicht organisch eingewebt ist in die beiden anderen Glieder.

In Deutschland hat man das Gefühl: Das geistige Leben steckt so drinnen im staatlichen Leben, daß man ihm erst auf die Beine helfen muß, daß es selbständig stehen kann. Hier hat man das Gefühl, das geistige Leben steht so selbständig da, daß es sich überhaupt nicht irgendwie kümmert um die anderen Glieder. Das gibt eine wesentlich andere Färbung, wenn man wirklichkeitsgemäß denkt gegenüber der ganzen sozialen Frage der Gegenwart und dem Grundimpuls der sozialen Frage in unseren Tagen.

Aus diesem Grunde meine ich, daß meine «Kernpunkte der sozialen Frage», wenn sie heute in Deutschland fast vergessen sind – es ist ja ein bißchen übertrieben, aber es ist fast so –, wenn sie heute in Deutschland fast vergessen sind, und im Jahre 1919 eine ungeheuer schnelle Verbreitung gefunden haben, daß das ganz natürlich ist. Denn der Zeitpunkt, wo man das, was in den «Kernpunkten der sozialen Frage» steht, realisieren sollte, der ist vorüber für Mitteleuropa. Der ist in dem Augenblicke vorüber gewesen, als jener starke Valutaniedergang eingetreten ist, der der deutschen Wirtschaft völlig die Hände bindet.

Ich bin damals, als die «Kernpunkte der sozialen Frage» erschienen waren, von vielen Leuten gefragt worden: Ja, das wäre alles recht schön, aber jetzt handelt es sich vor allen Dingen darum, wie wir die Valuta verbessern. – Sie war dazumal verhältnismäßig noch gut gegen den heutigen schändlichen Stand. Ich konnte nur sagen: Da drinnen in den «Kernpunkten» steht es, wie man die Valuta verbessern kann. – Aber die Leute sahen es nicht. Sie wußten nicht, wo die Antwort sitzt auf die Frage, sondern sie suchten die Antwort extra irgendwie an der Oberfläche behandelt, nicht in den Tiefen. Daß gerade das Buch die Antwort war, das verstanden die Leute nicht.

Nun, das ist einer der Grundimpulse im sozialen Leben unserer Zeit. Wenn man versucht, aus der Wirklichkeit heraus zu denken, den Menschen Antworten zu geben aus der Wirklichkeit heraus, so verstehen sie sie nicht, denn sie kommen mit Theorien, mit einem Kopf, der ganz gespickt ist mit «Kapital» und «Mehrwert»» und «Klassenkampf» und allem möglichen, und mit allen alten Vorurteilen. Sie kommen mit demjenigen, was alte Denkgewohnheiten sind. Und heute schlagen gerade im praktischen Leben die Theorien die Wirklichkeit tot. Das ist das eigentümliche Rätsel unserer Zeit, daß die Praktiker alle Theoretiker geworden sind, daß sie alle Ideen im Kopfe haben, die sie gerade, meinetwillen, aus einer Fabrik heraus zusammengeschmiedet haben, und mit diesen theoretischen Ideen das ganze soziale Leben meistern wollen.

Deshalb glaube ich, daß in der Zukunft meine «Kernpunkte» mehr gelesen werden sollten im Westen und in Rußland, daß sie in Deutschland heute eigentlich ohne eine Möglichkeit des Wirkens dastehen. Denn im Westen zum Beispiel kann man trotzdem an diesem Buche sehr viel sehen, denn es stellt ohne Utopie einmal hin, wie die drei Glieder eben nebeneinanderstehen und ineinandergreifen sollten. Da ist es für den Westen ganz gleichgültig in bezug auf den Zeitpunkt, denn auch da ist noch viel zu tun in bezug auf die richtige Gliederung der drei Strömungen, Geistesleben, Wirtschaftsleben, staatlich-rechtliches Leben.

Aber wir müssen vor allen Dingen lernen, wirklich modern zu denken, um im modernen Sinne zu einer sozialen Urteilsbildung zu kommen – fassen wir das doch nicht oberflächlich auf, meine Damen und Herren –, um im modernen Sinne zu einem sozialen Urteil, zu einer sozialen Urteilsbildung zu kommen. Das können wir nur, wenn wir unter die Oberfläche der sozialen Erscheinungen hineinsehen in die Tiefen. Und da ergibt sich heute eine eigentümliche Tatsache. Da ergibt sich die Tatsache, daß der einzelne überhaupt, wenn er noch so gescheit ist, wenn er ein noch so intelligenter und meinetwillen auch idealistischer und praktischer Mensch ist – ich möchte das «Praktisch» dreimal unterstreichen –, daß er als einzelner überhaupt ein soziales Urteil nicht gewinnen kann. Es ist ein, ich möchte sagen, soziales Mysterium, meine Damen und Herren, daß jedes soziale Einzelurteil falsch ist.

Studieren Sie einmal, welche ungeheuer gescheiten Urteile gefällt worden sind, als in Europa die Goldwährung eingeführt werden sollte. Wer sich vertieft in das, was dazumal in Handelsverbänden, in den Parlamenten geredet worden ist – ich sage das nicht mit Ironie, sondern aus voller Überzeugung heraus –, das ist ein exzellentes Beispiel von menschlicher Gescheitheit. Man bekommt förmlich einen tiefen Respekt, wenn man sich vertieft in das, was von all den ungeheuer gescheiten Menschen geredet worden ist von der Mitte des 19. Jahrhunderts ab über den Einfluß der Goldwährung auf die soziale Gliederung der Welt. Vor allen Dingen, man hat strikte bewiesen, so logisch und so praktisch das nur möglich sein kann, daß es einen ungeheuren Respekt einflößt, man hat strikte bewiesen, wenn die Goldwährung komme, dann werde der Freihandel blühen.

Das Gegenteil ist eingetreten. Man hat sich sogar genötigt gesehen, gerade als Konsequenz der Goldwährung, die Zollschranken wieder aufzurichten. Das heißt: die gescheitesten Leute haben bei ihrem Blick in die Zukunft Unsinn geredet. Das ist nicht ein Tadel. Das kommt daher, daß in bezug auf das soziale Urteil die gescheitesten Leute vielleicht in dem Maße großen Unsinn reden, je gescheiter sie sind, wenn sie als einzelne reden; wenn sie bloß urteilen mit dem, was aus der einzelnen menschlichen Individualität hervorgehen kann.

Daher handelt es sich heute gar nicht darum, daß wir auf uns wirken lassen dasjenige, was als soziales Elend verbreitet ist. Der einzelne vermag sich kein Urteil zu bilden zwischen Ursache und Wirkungszusammenhang im sozialen Leben. Wir müssen tiefer gehen. Wir müssen hineinschauen bis in die Gliederung der Menschheit. Wir müssen uns fragen: Wie kann ein wirkliches soziales Urteil zustande kommen?

In den alten sozialen Urteilsfällungen, die wir nicht wieder heraufbeschwören wollen, die einer alten Zeit angehörten, der Zeit der Theokratien, in diesen alten Urteilsfällungen war das soziale Urteil nicht bewußt, sondern es wurde unbewußt gefällt; aber es wurde von Menschengruppen gefällt.

Es ist gar nicht wahr, daß die Familie etwa das erste war in der sozialen Ordnung. Die Familie ist ein Spätprodukt, das erst später im Sozialen erschien. Die Urmenschen, die haben nicht nachgedacht, was das soziale Urteil sein soll, sie haben sich die Inspiration der Priesterschaft geben lassen und diese aufgefaßt mit dem Unbewußten. Aber diese sozialen Urteilsfällungen, diese unbewußten, sind nur entstanden, wenn Menschen eben in einer Gliederung standen – durch die Bluts- und anderen Bande in der Gliederung standen. Soziale Gruppen haben ein Verständnis gehabt, soziale Gruppen, nicht die einzelnen; soziale Gruppen, die miteinander gelebt haben. Und aus dem Zusammenleben der Gruppen ist das richtige Soziale entstanden. Im Geist der Menschen hat sich aus der Gruppe heraus das Richtige entwickelt, auch die Demokratie entwickelt, und damit der demokratische Gedanke. Das erreichte seine Kulmination erst im Laufe der Zeit. Der einzelne Mensch trat auf den Plan der Weltgeschichte. Er konnte aber noch mitbringen dasjenige, was die Gruppen gebildet hatten. Es lebte in der Tradition fort. Das ging auch noch hinein in die juristisch-staatliche Ordnung, aber ging nicht mehr hinein in dasjenige, was vom Menschen losgelöst ist, in die maschinelle, in die industrielle Ordnung. Da greift es nicht an, da geht es nicht mehr hinein.

Nun, so sehen wir, daß notwendig wird, wiederum etwas zu bilden gerade innerhalb der Wirtschafts-, der ökonomischen Ordnung, das jetzt bei vollbewußtem Menschtum ähnlich ist den ursprünglichen sozialen Gruppen. Das habe ich genannt in meinem Buche «Die Kernpunkte der sozialen Frage» die Assoziationen, wo das soziale Urteil nicht aus dem einzelnen hervorgeht, sondern aus dem, was in der Assoziation zusammenlebt, sich zusammen auslebt, in jenen Assoziationen, die die Konsumenten, die Produzenten und die Händler untereinander bilden. So daß man wiederum soziale Gruppen hat, aus denen sich jetzt bei vollem Bewußtsein das Urteil bildet, das der einzelne nicht bilden kann. Man kann noch so lange über eine Lösung der sozialen Frage nachdenken, alles Nachdenken ist Unsinn. Sinn hat nur, soziale Gruppen zu bilden, von denen man erwarten kann, daß Partiallösungen der sozialen Frage entstehen, daß die Leute, die zusammen urteilen, etwas bringen, was der Partiallösung der sozialen Frage für irgendeinen Ort und irgendeine Zeit nahe kommt, so daß es sich hineinstellt in die Menschheit.

Das ist dasjenige, was heute besonders notwendig ist, und was man so wenig versteht. Ich habe es verspürt, wie wenig man das versteht, als ich im Beginn der neunziger Jahre des vorigen Jahrhunderts meine «Philosophie der Freiheit» erscheinen ließ. Auf einem ganz partiellen Gebiet der sozialen Frage hatte ich das zu empfinden bekommen.

Ich mußte dazumal kurz auch die Frauenfrage berühren als eine soziale Frage, und dazumal – es ist jetzt dreißig Jahre her – sagte ich nicht: So löst man die Frauenfrage, denn das ist ganz gleichgültig, was sich der einzelne heute vorstellt, das kann eine feuilletonistische Bedeutung haben, damit kann man Romane schreiben, aber damit greift man nicht in die Wirklichkeit hinein; deshalb sagte ich dazumal: Man muß ja erst die Frauen ordentlich fragen, wie sie sich das denken, dann kann man aus der Wirklichkeit heraus eine Unterlage gewinnen für dasjenige, was geschehen kann.

Die Frauen waren dazumal nicht in Wirklichkeit gefragt; denn die paar Frauen, die bis dahin gesprochen hatten, die hatten ja nur Männerurteile gefällt, indem sie die Männerart, die immer geherrscht hat von der untersten Volksschulklasse bis in die Universitäten hinauf, einfach angewendet haben. Diese Frauen haben gar nicht das soziale Urteil in das soziale Gefüge einfügen wollen. Sie haben gar nicht gefragt, wie das soziale Leben herauskommt, nachdem wie der Rock ausschaut, den man anzuziehen hat; sie haben gestrebt darnach – verzeihen Sie, daß ich das erwähne, wenn es auch in England sonst verpönt ist –, sie haben gestrebt darnach, nun auch Beinkleider anzuziehen wie die Männer, haben gestrebt, geradeso nun auch Mediziner, Juristen, Kleriker und Schulmeister zu werden, wie die Männer geworden sind; nicht, das Frauenhafte einzufügen in den sozialen Organismus, nicht die Wirklichkeit zu nehmen, sondern von einer Theorie auszugehen. Denn die Theorie ist bis zur größten Unfruchtbarkeit in der heutigen Zeit heraufgebracht. Auch das muß man einsehen, daß man sich nicht theoretisch ein Urteil bilden soll in der Frauenfrage, sondern erst einmal die wirklichen Frauen hören. Denn um die Wirklichkeit handelt es sich.

Und so in der ganzen sozialen Frage, nicht wiederum theoretisch beantworten: Wie muß sich Unternehmer und Arbeiter stellen? Wie muß die Fabrik gegliedert werden in der sozialen Beziehung? – sondern einmal die richtigen Assoziationen, die richtigen Menschengruppen zu bilden, aus denen dann erst die Antwort kommen wird. Die Fragen, die soll man richtig stellen, und warten, wie aus den Zusammengliederungen der Menschen dann die Antworten kommen.

Man muß also, wenn man schon Bücher schreiben will, solche Bücher schreiben, die gar nicht abgeschlossene Antworten geben, sondern die darauf hinweisen, wie Menschengruppierungen Antworten geben werden, wenn diese Menschen in der richtigen Weise zusammengebracht sind. Ein Buch muß schon aus sozialer Denkweise und Gesinnung hervorgehen, wenn es die sozialen Impulse in unserer Zeit richtig berühren will. Davon will ich dann in der zweiten Sektion weitersprechen.

Meine Damen und Herren, es ist in der gegenwärtigen Zeit außerordentlich schwierig, über praktisches Denken zu sprechen. Die Menschen glauben alle Realisten zu sein, aber im Grunde genommen trifft man überall krause Theorien, die allerdings dann im Leben drinnen wirken. Um mich ganz verständlich zu machen für dasjenige, was ich hier noch zu sagen haben werde, gestatten Sie mir eine persönliche Bemerkung.

Ich glaube, daß dasjenige, was in bezug auf die Dreigliederung des sozialen Organismus zu sagen ist, allerdings heute aus meinem Buche «Die Kernpunkte der sozialen Frage» gelesen werden kann, gerade außerhalb Deutschlands; aber ich selbst war gedrängt, durch praktisch-wirklichkeitsgemäßes Denken die Dinge anders auszudrücken, als ich einmal die Sache niederschrieb für ein Gebiet außerhalb von Deutschland, für eine schweizerische Zeitschrift. Und da finden Sie dann denjenigen Aufsatz, der jetzt in «The Hibbert Journal» abgedruckt ist. Der ist international geschrieben, weil er von vornherein für alle Menschen geschrieben ist. So faßt man aber heute die Dinge nicht auf. Deshalb muß ich diese persönliche Bemerkung machen, damit die folgenden Dinge, die für die Erfassung des sozialen Lebens in der Gegenwart wichtig sind, damit die folgenden Dinge, die ich zu sagen habe, richtig verstanden werden.

Mir ist jede Theorie ganz gleichgültig, und deshalb gilt mir jede Formulierung von Ideen und Begriffen bloß als eine Sprache, um die Realität auszudrücken. Wenn ich finde, daß man die Realität mit den Begriffen ausdrückt, die die Materialisten geformt haben, dann drücke ich das, was als Wirklichkeit zu sagen ist, materialistisch aus. Finde ich, daß die Idealisten passende Begriffe haben, um irgend etwas wirklich auszudrücken, dann drücke ich es eben idealistisch aus. Mir ist Materialismus, Idealismus, Realismus alles in der Theorie ganz gleich; ich betrachte es als eine Sprache, um die Wirklichkeiten auszudrücken. Daher kann man sehr leicht finden, wenn ich einmal in einer Zeit dasjenige, was ich habe ausführen wollen, mit den Worten *Ernst Haeckels* ausdrückte, daß gerade die Schriften, die ich in dieser Zeit schrieb, eine Form haben, die Anlaß geben kann, mich einen Materialisten zu nennen; und so kann man Widerspruch über Widerspruch finden.

Allein so ist das Leben, und das kompliziert gewordene Leben der neueren Zeit namentlich. Wenn wir über das Soziale praktisch denken wollen, dann muß man berücksichtigen, daß all das, was wir als Naturalismus, Idealismus, Materialismus, Spiritualismus haben, dem juristisch-logischen Denken enstammt, daß das alles für die Gegenwart nicht mehr paßt; aber ebensowenig paßt «Industrialismus», «Kommunismus», «Sozialismus». Alle diese Dinge sind gut um das eine oder das andere auszudrücken, aber sie sind, wenn man sie als Theorien, Schlagworte, als Agitationsdirektiven nimmt, alle bereits verbraucht. Deshalb ist es so schwer, Titel zu finden. Ich habe zum Beispiel für meinen morgigen Vortrag einen Titel gewählt, der mir im Grunde ekelhaft ist, weil er im Grunde eben auf alte Schlagworte reflektiert, aber die gelten heute nicht mehr. Heute müssen wir in das wirkliche Leben untertauchen. Das ist nicht ideell, das ist eben real, und das fordert angesehen zu werden von den verschiedensten Gesichtspunkten. Ich habe es schon gesagt: Den Baum photographiert man von der einen Seite = «Materialismus»; den Baum photographieren wir von der anderen Seite = «Idealismus»; den Baum photographiert von der dritten Seite = «Naturalismus». Man photographiert das soziale Leben von der einen Seite = «Sozialismus»; von der anderen Seite = «Autokratie»; von der dritten Seite = «Kommunismus». Aber all das sind nicht Dinge, mit denen man heute operieren sollte. Man hat eben nicht heute einen richtigen Instinkt dafür, Begriffe zu finden, die aus dem heutigen

Leben, das überall durchsetzt ist von Industrialismus, gewonnen werden müssen. Man sollte nur sich überlegen, wie intensiv das Leben gewirkt hat in den verflossenen Menschheitsepochen. Theokratie war einmal so intensiv allem sozialen Leben aufgedrückt, daß auch das Ökonomische, wie ich vorgestern sagte, unmittelbar aus den theokratischen Direktiven herauswuchs. Da geht es aber nur bis zu der Landwirtschaft. Die Landwirtschaft läßt sich in einen sozialen Organismus voll hineingliedern, der theokratisch gedacht ist, denn es lebt im menschlichen Herzen, Grund und Boden mit dem Theokratischen zusammenzubringen. Fragen Sie den Menschen, der mit dem Lande, mit dem Grund und Boden zusammengewachsen ist, was ihm das Brot ist. Das Brot ist ihm in erster Linie eine Gabe Gottes. Da sehen Sie im Wortgebrauche dasjenige, was er auf dem Tische hat, zusammenhängen mit demjenigen, was er in der Theokratie erlebt.

Und dann bilden sich die sozialen Ordnungen, die ich vorgestern auseinandergesetzt habe, die begründet sind auf das Händlertum, auf das Gewerbe. Die Frage der Arbeit tritt auf. Ich habe es vorgestern in seiner Entstehung im Römertum zu erörtern gesucht. Und dann tritt auf ein ganz anderes Denken. Alle Begriffe, die wir haben, Eigentum, menschliches Recht gegenüber menschlichem Recht, bekamen damals eine juristisch-dialektisch-logische Färbung. «Gott hat es gewollt», das war die soziale Devise der Theokratien. «Menschen haben es untereinander abzumachen» – das wurde die soziale Devise in der juristisch-staatlichen Ordnung.

Und das wirkte so intensiv, daß es allem Leben den Stempel aufdrückte. Nicht nur, was ich vorgestern gesagt habe, daß die Theosophie eine Theologie wurde, sondern viel intensiver noch ging das in das Leben hinein.

Bitte, sehen Sie sich das grandiose Bild an, das heute in der Sixtinischen Kapelle in Rom von *Michelangelo* gemalt ist: Christus, der Weltenrichter, aus der Zeit heraus, in der am intensivsten das juristisch-staatliche Leben alles erfaßt hat. Aber ein religiöses Geheimnis sollte an die Wand gemalt werden der religiösen zentralen Wirkungsstätte.

Glauben Sie, wenn man aus dem alten orientalischen Theokratismus den Christus gemalt hätte, der wäre so geworden, wie ihn Michelangelo gemalt hat? Nimmermehr! Er wäre derjenige geworden, der in irgendeiner Weise die Weltengaben, die Gnaden, die der Mensch erhalten kann, mit segnenden Händen hinunterreicht, und der wäre der Weltengott geworden, der den Menschen segnend gibt.

Was ist der Christus auf dem Bilde von Michelangelo? Der Weltenrichter, der große Weltenjurist, der die Guten belohnt, die Bösen bestraft. Das ganze Bild ist juristisch, ist getaucht in die Zeit, aus der es herausgeboren ist. Das ganze soziale Impulsieren der Zeit schaut man in diesem Bilde noch künstlerisch an. Die einstmalige Anschauung der Götterwelt, wo Gott eben Gott war, hat sich so verwandelt, daß die Welt-Anschauung eine Welt-Jurisprudenz geworden ist. Gott ist der große Jurist auf dem Bilde des Michelangelo. Jurisprudenz zieht sich hinein in die intimsten Fäden des Denkens, auch der Religion. Die Religion wird eine Empfindung desjenigen, was gerecht, ungerecht, gut und böse ist, und wie das zu belohnen oder zu bestrafen ist. Die Welt geht nicht aus in etwas, wohinein sie gegangen ist im alten Oriente: Wiedervereinigung der Menschheit mit der göttlichen Substanz, sondern die Welt naht sich an ihrem Ende der großen juristischen Session, wo juristisch entschieden wird über das Schicksal der Welt.

Michelangelo hat so gemalt. *Adam Smith* hat so gedacht. Aber er hat gedacht nach der anderen Seite hin. Michelangelo hat gemalt nach der Seite der Theokratie hin, und die theokratische Ordnung ist ihm als Künstler in die juristische hineingerutscht. Adam Smith hat ganz juristisch gedacht; *Ricardo* ebenso und noch Karl Marx ebenso, und sie wollten dieses juristische Denken über die neue industrielle Ordnung stülpen, die nun nicht mehr den Menschen so hinstellt, wie die früheren Ordnungen den Menschen hingestellt haben.

Der Mensch in der theokratischen Ordnung war hingestellt zum Boden, zum Grund und Boden; mit dem war er zusammengewachsen. Und er fühlte, wie er mit diesem Boden zusammenwachsen kann, wenn eben die theokratische soziale Ordnung hinter ihm ist. Das Zentrum, der Mittelpunkt, war die Stätte, wo die Inspirierten die Direktive abgaben, was in späterer Zeit das Dorf wurde mit dem umliegenden Grund und Boden und mit der Kirche. Im Laufe der menschheitlichen Entwickelung kam die Stadt. Die Stadt ist aus der sozialen Ordnung der Jurisprudenz heraus entstanden. Jetzt hat man nicht den Gegensatz Bauer und Priester, jetzt hat man den Gegensatz Stadt und Land.

Das ist aber ganz in juristische Kategorien hinein verwebt. Aus diesen juristischen Kategorien heraus haben aber auch noch diejenigen gedacht, die dann den sozialen Organismus Stadt und Land zusammenfaßten als Staat; so haben sie auch noch gedacht von Adam Smith und *John Stuart Mill* bis Karl Marx. Da herrschen überall abstrakte, juristische Kategorien, wenn sie auch kritisch behandelt werden bei Karl Marx – bei Adam Smith positiv, bei Karl Marx negativ –, aber er arbeitet ganz in juristischen Begriffen. Diese juristischen Begriffe sind Allgemeingut geworden jetzt derjenigen Menschheit, die mit nichts mehr verknüpft ist.

Der Bauer war verknüpft mit dem Grund und Boden. Der Händler, der Gewerbetreibende war verknüpft mit dem anderen Menschen. Man studiert das nur nicht ordentlich, wie der Mensch dem anderen Menschen wert wurde, wenn er ihm etwas kaufte oder verkaufte, das er selber verfertigt hatte, mit dem er noch zusammenhing. Da war maßgebend dasjenige, was juristisch gedacht war. Da war maßgebend für den gerechten Preis dasjenige, was von Mensch zu Mensch wirkt, was sich abspielte zwischen Stadt und Land, die Gegenseitigkeit, dasjenige, was Mensch und Mensch untereinander abzumachen haben.

Nun kam die Zeit, wo die Menschheit der Maschine, der Technik gegenüberstand. Der Mensch insbesondere, der nun hineingestellt ist in die maschinelle Welt, der ist herausgerissen aus allen früheren Verhältnissen, hängt nicht mehr mit Grund und Boden zusammen, hängt nicht mehr zusammen mit dem, was gegenseitig spielte zwischen Mensch und Mensch, in der Zeit, wo Handel und Gewerbe dominierten. Er ist auf seine Menschlichkeit gestellt.

Und dabei ist das so, daß sich die soziale Struktur mit großer Abstraktheit entwickelt. Der Unternehmer steht da, und er hat im Grunde genommen bloß die Möglichkeit, mit der Bilanz zu rechnen, mit demjenigen zu rechnen, was sich ergibt aus der Unternehmung, denn alle übrigen Faktoren entziehen sich seiner Beobachtung. Er steht ja gar nicht mehr in Beziehung zum Menschen; er steht in Beziehung zu dem, was vom Menschlichen in die Bücher hineingegangen ist. Deshalb wird man gerade von sogenannten Praktikern heute außerordentlich schwer verstanden mit einem wirklich richtigen Denken.

Das konnte sich herausstellen, als versucht wurde im Praktischen etwas zu begründen, was wiederum hineinarbeitet ins konkrete Leben, wo diejenigen, die etwas leiten, nicht bloß nach den Büchern leiten, sondern in den wirklichen konkreten Unternehmungen mit ihrem Denken drinnenstehen. Aber man fand keine Mitarbeiter. Die Mitarbeiter, die stellten sich in der Mehrzahl hin und sagten: Das ist der Theoretiker, der denkt etwas aus; wir sind die Praktiker. Wir als Praktiker wissen, wie es ist. – Aber was hatten diese Praktiker im Kopfe? Ein paar Begriffe, ganz theoretische Begriffe, aus denen heraus sie sich einbildeten, wie es gerade zunächst da und dort sein muß just. Das waren ja die Philosophen, aber die Philosophen von den wenigen Begriffen, die sich just aus einer Ecke des ökonomischen Lebens heraus ein paar Begriffe bildeten bloß, und nun breit sagten: Diese theoretischen Begriffe, das ist die Praxis, und wenn irgend jemand mit etwas anderem kommt, dann versteht er halt gar nichts von allem.

Es ist deshalb so ungeheuer schwer, heute mit «praktischem» Denken in der Welt etwas anzufangen, weil die Praktiker alle Theoretiker sind, und zwar die abstraktesten Theoretiker.

Und so haben wir durchaus heute den Menschen dastehen, den Menschen aller Stände dastehen, denn auch die Begriffe «Bourgeoisie» und «Proletariat», «Arzttum» und «Priestertum», sie sind durchaus heute alle nicht mehr gültig. Wir können mit diesen alten Begriffsscheidemünzen nichts mehr anfangen. Denn wenn wir realistisch urteilen – verzeihen Sie, daß ich das ohnedies schon totgetretene Bild noch einmal gebrauche –, ich konnte wirklich, als ich unserem verehrten Mitvorsitzenden in den Straßen begegnete mit Talar und Barett, nicht mehr unterscheiden: ist er ein Priester oder ist er etwas anderes. Es gelingt nicht, die Dinge auseinanderzuhalten, weil wir im Leben drinnen mit den festgewordenen Begriffen stehen.

Wir müssen alles wiederum in Bewegung bringen, müssen untertauchen in das Leben, müssen nun sehen, wie der Industrialismus geworden ist, wie er sich abgelöst hat vom Menschen. In jedem Türschloß ebenso wie in der gotischen Kirche war früher etwas Menschliches darinnen. Davon strahlten die sozialen Impulse aus.

In dem, was heute der Arbeiter in der Fabrik macht, und in dem, was der Architekt aufführt als Warenhaus in seiner ästhetischen Scheußlichkeit – die aber der Gegenwart gerade richtig angemessen ist, denn das Warenhaus ist der Stil, der Baustil der Gegenwart –, in dem drückt sich gar nichts mehr aus, was in irgendeiner Beziehung zum Menschen steht. Darum brauchen wir etwas, was wieder ausstrahlt von innen.

Vom Grund und Boden strahlte das Essentielle des Geistes so aus, daß der Mensch sagte: Was mir der Grund und Boden gibt, das Brot, das ist eine Gabe Gottes. Ja, meine Damen und Herren, es wuchs die Theokratie nicht nur vom Himmel auf die Erde herunter, es wuchs die Theokratie mit jedem Weizenhalm aus dem Boden heraus. Das lebte doch in den menschlichen Seelen. Und später, indem der Mensch dasjenige, was er erworben hatte, dem anderen abgab, begründete sich in Handel und Gewerbe ein menschliches Verhältnis.

Ein menschliches Verhältnis aber zur Maschine – es ist unmöglich. Die Maschine ist kalt, lebt kalt da. Und wir kommen nicht zu einer sozialen Urteilsbildung, weil wir nicht verstehen, dem Menschen von ganz woanders her nun einen menschlichen Inhalt zu geben, der aus der Maschine nicht so hervorkommen kann, wie aus dem Grund und Boden. Aus dem Grund und Boden wachsen Weizenhalme hervor, die eine Gabe Gottes sind für den Menschen; aus Handel und Gewerbe wächst das hervor, was zwischen Mensch und Mensch spielt, wo der Mensch das Gefühl hat: Du mußt anständig sein zu dem anderen, aus der Maschine wächst nicht gerade eine Gabe Gottes hervor; aber auch mit dem Anstand gegenüber der Maschine geht es nicht recht. Und so braucht gerade ein solches Zeitalter, das vom Industrialismus durchsetzt ist, einen Mencheninhalt, der nun nicht von dieser Erde ist, der gar nicht von dieser Erde ist, der die Seelen erfüllt aus der spirituellen Welt heraus.

So lange die Erde dem Menschen die Spiritualität gegeben hat, brauchte man nicht in freier Geistigkeit die Spiritualität zu erringen. So lange noch stark war das Gefühl von Mensch zu Mensch, brauchte man nicht in freier Geistigkeit die Spiritualität zu erringen. Heute sind wir darauf angewiesen, nachdem die Natur, die die Gaben Gottes gibt, sich zum großen Teil umgewandelt hat in die Welt der Produktionsmittel, die vom Menschen in abstrakter Weise als eine zweite Natur geschaffen worden ist, heute brauchen wir zu den Produktionsmitteln die Welt der freien Geistigkeit, die uns einen Inhalt gibt.

Mit diesem Inhalt kommt man auch heran an diejenigen, mit denen man zusammen Assoziationen bilden will. Sehen Sie, ich habe gerade von Dornach, wo wir auch ein kleines Arbeiterheer, eine kleine Arbeiter-Kompanie haben, neuere Erfahrungen. Diese Arbeiter, die wollen nicht nur arbeiten, sie wollen auch etwas Menschliches haben. Und man ist ja auch darauf gekommen, Arbeitern etwas Menschliches zu geben. Aber man spricht ihnen von allerlei ökonomischen Dingen, von Kapitalismus, Sozialismus, Bourgeoisismus, Kommunismus und so weiter. Man glaubt anfangs, daß das die Leute packt. Und die Arbeiterführer glauben am meisten, daß sie den Leuten nur davon sprechen sollten. Nun, ich fing auch zunächst an – als ich zum Schluß diese Sache selbst in die Hand nehmen mußte in Dornach –, ich fing auch zunächst an, mehr über Ökonomisches zu sprechen. Eines Tages tauchte aus der Masse der Arbeiter, die ich jedesmal das Thema selber geben lasse am Beginn der Stunde, ich rede unter diesen Leuten nicht über ein Thema, das ich selbst wähle, sondern ich lasse mir das Thema sagen am Anfang der Stunde und rede dann über das Thema – es stand einer auf, der zog unsere Zeitschrift «Die Drei» aus der Tasche und sagte, er wolle wissen, wie das eigentlich wäre, als die Erde noch ein Mond war, also unter einer ganz anderen Entwickelung stand. Und seit jener Zeit entwickelte sich die Sache so, daß über das Wesen des Menschen, über die Eingliederung des Menschen in den Kosmos, auf die Weise, wie sie die Dinge verstehen, gesprochen wird. Ich konnte unter Proletariern heute schon, denken Sie sich, so daß sie es als selbstverständlich ansehen, von den Einflüssen aus den Tierkreisrichtungen sprechen.

Wir müssen erst die Möglichkeit finden, zu erkennen, was in den anderen drinnensitzt an Seelischem und Geistigem und was in uns drinnen sitzt, wenn wir uns zusammensetzen wollen mit ihnen in den Assoziationen. Wir müssen die Klüfte überbrücken, die sich gebildet haben. Das ist dasjenige, was die erste Anforderung ist.

Daher ist die soziale Frage in ihrem tiefsten Sinne zuallererst eine geistige Frage: Wie breiten wir eine einheitlich wirkende Geistigkeit unter den Menschen aus? Dann werden wir auf wirtschaftlichem Gebiete uns in Assoziationen zusammenfinden können, aus denen heraus sich erst die soziale Frage in einer konkreten Weise wird gestalten und partiell – muß ich immer sagen – lösen lassen.

Aber wir denken heute noch ganz in den alten Kategorien. Wir bilden juristisches Denken, aber wir bilden noch nicht ökonomisches Denken, weil – so paradox es klingt – ökonomisches Denken bedeutet: in Freiheit denken. Man braucht gerade in der Zeit, in der eine zweite Natur in den Produktionsmitteln aufgetaucht ist, in dieser Zeit, wo der Geist aus den Arbeitsmitteln, aus den Produktionsmitteln ganz gewichen ist, braucht man gerade eine Geistigkeit, die nun nicht geschöpft ist mehr aus der Natur, die nicht geschöpft ist in der Weise, wie sie in der Theokratie geschöpft wurde aus demjenigen, was noch mehr physisch im Menschen lebte, sondern die frei errungen ist, und die aber einen Inhalt hat.

Ich weiß, daß das heute den Menschen gerade am Allerutopistischesten klingt, es ist aber das Allerpraktischeste. Sie können noch so viele soziale Gemeinschaften gründen, noch so viele Vereinigungen in die Welt schaffen, noch so viele Gewerkschaften und Genossenschaften schaffen – mit den Begriffen, mit dem Denken, das sich aus dem Mittelalter heraus in die neuere Zeit eingeschlichen hat, mit dem Denken kommt die soziale Frage nicht einmal in Fluß, geschweige denn zu einer partiellen Lösung. Die soziale Frage ist heute die Weltfrage geworden.

Aber was hat sich angeschlossen an das Denken, das den sozialen Organismus ganz im Sinne des Juristisch-Dialektischen und gewohnheitsmäßig Moralischen beurteilt? Es hat sich angeschlossen die schöne, die erfreuliche, die wunderbare Charitas, die menschliche Barmherzigkeit, das menschliche Mitleid. Jetzt, wo die soziale Frage zu einer brennenden Weltfrage geworden ist, jetzt sehen wir in Westeuropa überall auftauchen die Sammelbüchsen für den Osten. Es wird gesammelt. Sehr, sehr schön! Nichts soll dagegen eingewendet werden, und ich möchte sagen, je mehr man beitragen kann zu diesem Sammeln, desto mehr sollte man es tun. Aber was dadurch geschieht, ist Vergangenheit, ist nicht Zukunft. Es ist das alles, auch dieses Mitleid, auch diese Charitas, noch heraus gedacht aus dem Denken des Mittelalters. Und ich sehe zwei Bilder: den mittelalterlichen gotischen Dom, worinnen die prunkvollen Meßgewänder der Prälaten lagerten, jener Prälaten, die, mittlerweile ihre Meßgewänder in den Domen lagerten, in ihren eigenen Behausungen zusammensaßen und etwas taten, was in einer merkwürdigen Weise zutage getreten ist, als eine schweizerische Zeitung vor einigen Monaten das Menu veröffentlicht hat, das Weihnachtsmenu für die Prälaten, welche in einem schweizerischen Dom einst versorgt worden sind während Weihnachten. Sie würden erstaunen, wenn ich Ihnen die Zahl der Schweine nennen würde, die dazumal in den heiligen Weihnachtstagen von den Prälaten verspeist worden sind. Um diese Dome herum lagerten Heere von Armen, denen Almosen gegeben wurden. Es war ganz im Stil und Sinne des Mittelalters; anders konnte es nicht sein. So war es für die damalige Zeit das Selbstverständliche. Ob man das im heutigen Sinne schön oder häßlich findet, darauf kommt es nicht an, denn es war für die damalige Zeit das Selbstverständliche.

Aber ist es nicht dasselbe, wenn heute das Elend in Rußland auf der einen Seite steht – das sind die Armen, die vor den Domen lagern – und auf der anderen Seite gesammelt wird? Gut, sehr gut und brav. Aber die heutige soziale Frage wird damit nicht einmal berührt, geschweige denn auch nur irgendwie partiell gelöst. Denn man sollte nicht überhören, daß durch die Impotenz unseres sozialen Denkens heute ja überall die Stimmen hörbar sind, die nicht sagen: Wir sind dankbar für dasjenige, was man uns als Almosen gibt –, sondern die da sagen: Das ist das Allerschlimmste, daß man uns Almosen gibt, denn daraus sehen wir ja, daß es noch Menschen gibt, die Almosen geben können. Die soll es gar nicht mehr geben!

Das ist dasjenige, was man mit seinem ganzen Herzen fühlen muß als den Grundimpuls des sozialen Organismus in unserer Zeit, der eigentlich schon der Weltorganismus ist, den man aber überall bloß eigentlich im nationalen Sinne sieht. Und das ist dasjenige, was doch heute der Menschheit klar werden sollte, daß man vor allen Dingen etwas braucht, was die Brücke schafft zwischen den Abgründen, die in der sozialen Ordnung da sind.

Warum reden wir heute so viel von der sozialen Frage? Weil wir durch und durch antisozial geworden sind. Man redet gewöhnlich theoretisch am allermeisten von dem, was in der Empfindung und in dem Instinkt nicht da ist. Was in der Empfindung und im Instinkt da ist, darüber redet man theoretisch nicht. Wäre soziale Empfindung in der Menschheit, würde man furchtbar wenig von sozialen Theorien und sozialen Agitationen hören. Theoretiker auf irgendeinem Gebiete wird der Mensch, wenn er etwas nicht hat. Die Theorien sind eigentlich immer über dasjenige da, was nicht real ist. Aber wir müssen heute das reale Leben suchen, darauf kommt es vor allen Dingen an. Das erfordert mehr Mühe, als eine Theorie ausdenken. Aber der menschliche Fortschritt kommt auch in nichts weiter, wenn er sich nicht in das Leben wirklich hineinfindet, denn der theoretische Geist ist es, der unsere Welt heute zerklüftet hat, der unsere Zivilisation heute dem Chaos nahe bringt; der theoretische Geist ist es. Und der Lebensgeist, er wird uns einzig und allein weiterführen können.

Das ist es, ich muß es noch einmal sagen, was man tief im Herzen fühlen sollte als den Grundimpuls der sozialen Frage der Gegenwart. Wenn wir verstehen, wie die Menschen wiederum die Menschen finden, dann werden wir die Möglichkeit haben, auch das Soziale in die richtige Richtung zu bringen.

Was haben die höheren Stände auf einem Gebiete getan? Ja, sie haben ihre Nase hineingesteckt in das proletarische Elend und Kunstwerke daraus geformt. Vom theokratischen Gott, dem Christus, kann man eine deutliche Vorstellung haben – den Weltenrichter hat Michelangelo gemalt. Wie derjenige aussehen muß, der aus der industriellen Ordnung heraus gestaltet wird – in Dornach versuchen wir es zu machen. Man versteht es aber heute noch nicht, weil man die spirituelle Welt noch nicht mit der kaltgewordenen maschinellen Welt in eine Beziehung zu setzen vermag. Man hat noch kein Denken, das sich ebenso wie das juristische und theokratische Denken früher an die Wirklichkeit sich angelehnt hat, an die heute kalt gewordene Wirklichkeit anlehnen kann, diese kaltgewordene Wirklichkeit durchdringen kann. Deshalb haben die höheren Stände ihre Nase hineingesteckt in das Elend und so irgend etwas geformt, nun ja, wie die Dichter, Bildhauer und Maler der Gegenwart es geformt haben: Soziale Kunst. Abscheuliche Sentimentalität ist daraus geworden, weil eben die Menschen noch nichts erfüllt von dem, was wirklich aus der freien Geistigkeit heraus sich hinzugesellen kann zu der menschlichen Ordnung. «Komm, Herr Jesu, sei unser Gast», heute gemalt, ist wirklich ein Sentimentales, Ekelhaftes, wenn man nicht mit Vorurteilen darangeht, mit Voreempfindungen darangeht. Es handelt sich darum, daß man mit derselben Kraft aus dem Industrialismus heraus wirkt, zu dem man aber jetzt freie Geistigkeit hinzubringen muß, wie man einstmals durch die Theokratie mit der Landwirtschaft, wie man einstmals durch die Jurisprudenz mit dem Händlertum hat wirken können. So kommt es darauf an, daß der Mensch zu sozialer Denkweise, zu sozialen Kenntnissen und Begriffen kommt, die man nicht bekommt, wenn man nicht absieht von abstrakten Begriffen wie «Kapital», «Mehrwert» und so weiter. Soziale Begriffe kann man einzig und allein bekommen, wenn man zu dem kalten Maschinellen das Warme, das offenbarende Geistige hinbringt. Und gerade diejenigen, die heute zwischen den Maschinen herumlaufen, die wollen, wenn sie es auch nicht wissen, eine wirkliche Geistigkeit, damit sie nicht allein den alten Materialismus haben, mit dem sie sonst ihr Herz einzig und allein anfüllen.

Zum Dorf und zur Kirche ist das Land und die Stadt hinzugekommen. Die wurden beherrscht mit einem sozialen Denken. Die Fabrik gehört nicht mehr zur Stadt. Die Fabrik ist ein neues soziales Gebilde. Die Fabrik ist aber auch herausgestellt wie ein besonderer Dämon aus der ganzen Weltordnung. Die Fabrik hat nichts Geistiges mehr an sich. Da muß das Geistige von der anderen Seite hergebracht werden. Daher ist gerade die soziale Frage heutigen Tages im eminentesten Sinne eine spirituelle Frage. Wir müssen die Möglichkeit finden, nicht nur unsere Nase hineinzustecken in das proletarische Elend, sondern wir müssen eine Geistigkeit finden, die aus unserem Herzen herauskommt in ganz naturgemäßer Weise, die aber auch aus dem Herzen desjenigen herauskommt, und wenn es der Mensch des untersten Standes ist, zu dem man spricht. So wie die Sonne allen Menschen scheint, so scheint dasjenige, was wirkliche Geistigkeit ist, nicht diesem oder jenem Stand, nicht dieser oder jener Klasse, führt nicht diesen oder jenen Standes- oder Klassenkampf, sondern ist für alle Menschen. Und daß alle Menschen als Einzelne in die Geschichte eintreten können, das fordert der große welthistorische Augenblick der Gegenwart.

Man hatte es früher mit Ständen, mit Klassen zu tun. Man hat es heute und wird es in der Zukunft zu tun haben mit dem Menschen; mit dem Menschen, der aus sich selber heraus eine Welt gebiert. Dazu müssen wir helfen, nicht indem wir die alten Dinge fortpflanzen und fortwursteln, sondern indem wir tatsächlich in das Tiefste des Menschen hinuntersteigen, um das Weiteste der Welt in spiritueller Weise zu finden. Das dringt dann ganz gewiß ein in die soziale Frage.

Sehen Sie, so etwas ist gewollt worden in den «Kernpunkten der sozialen Frage», weil gerade der gegenwärtige Zeitpunkt derjenige ist, wo man meinen muß, daß die Menschen nicht bloß aus ihrem theoretischen Verstande, sondern aus ihrem Herzen, aus ihrem Wollen heraus so etwas verstehen können. Derjenige, der die «Kernpunkte der sozialen Frage» als ein Buch des Verstandes nimmt, versteht es nicht. Allein derjenige versteht es, der es als ein Willensbuch, als ein Herzensbuch nimmt, das gesprochen ist aus dem Leben heraus, aus demjenigen, was heute überall unter der Oberfläche des Daseins als die wichtigsten sozialen Impulse der Gegenwart genommen werden können.

Die Materie hat es notwendig gemacht, statt einer Dreigliederung eine Zweigliederung des Vortrages zu machen, ich werde daher abschließen und mir dasjenige, was ich zur Abrundung des sozialen Problems zu sagen habe, auf morgen aufsparen.

DRITTER VORTRAG

Oxford, 29. August 1922

Der Mensch in der sozialen Ordnung:
Individualität und Gemeinschaft

Meine Damen und Herren, wenn ich heute noch versuche, die Schilderung des sozialen Lebens der Gegenwart und der sozialen Forderungen der Zeit in einer gewissen Weise abzuschließen, so bin ich mir bewußt, daß alles dasjenige, was ich hier sagen konnte und werde sagen können über das soziale Leben und die sozialen Fragen, nur ganz spärliche Richtlinien sein können. Denn die soziale Frage in unserer Zeit ist eine sehr umfassende, sehr universelle, und vor allen Dingen sind zwei Betrachtungen notwendig für denjenigen, der einen Gesichtspunkt gewinnen will in der sozialen Frage. Zuerst ist es notwendig, ins Auge zu fassen den gegenwärtigen geschichtlichen Augenblick der Menschheit, und auf der anderen Seite ist es notwendig, die unmittelbaren äußeren, irdisch-räumlichen Verhältnisse ins Auge zu fassen.

Der gegenwärtige geschichtliche Augenblick der Menschheit ist ein solcher, der mit dem denkbar unbefangensten Verständnis angesehen werden muß. Man geht sehr leicht aus Vorurteilen und namentlich Vorgefühlen über dasjenige hinweg, was in den Tiefen, ich sage nicht einmal der Menschenseelen, sondern der Menschennaturen in der Gegenwart geschieht.

Man wird sehr leicht mißverstanden, wenn man so etwas sagt, weil fast zu jeder Zeit die Menschen es gesagt haben und es auch heute sagen: Wir leben in einer Übergangszeit. Gewiß, wir leben immer in einer Übergangszeit, nämlich von der Vergangenheit in die Zukunft, und es handelt sich eben nicht darum, zu wissen, man lebe in einer Übergangszeit – das ist selbstverständlich, das ist eine Trivialität –, sondern es handelt sich darum, worinnen der Übergang charakterisiert ist, worinnen der Übergang besteht. Und da muß man sagen: Gegenwart umfaßt nicht etwa das jetzige Jahr oder auch nur das jetzige Jahrzehnt, sondern Gegenwart umfaßt einen langen Zeitraum. Vorbereitet hat sich dieser Zeitraum seit dem 15. Jahrhundert, und das 19. Jahrhundert bedeutete seine Kulmination. Wir stehen heute in diesem Zeitraum drinnen, aber die Menschheit im allgemeinen hat sich noch wenig Verständnis erworben für das Eigentümliche dieses weltgeschichtlichen Augenblicks, in dem wir drinnenstehen.

Man muß sagen: Was gegenwärtig, wenn man überhaupt in das soziale Leben hineinsehen will, anzuschauen notwendig ist, das ist, daß der Mensch aus alten Bindungen überall herausstrebt und lediglich Mensch sein will, freier Mensch sein will.

Daher brauchen wir heute vor allen Dingen eine Weltanschauung – wie man im Deutschen sagen kann –, eine Weltanschauung der Freiheit, hier muß man sagen, weil das Wort Freiheit hier eine andere Bedeutung hat: Eine Weltanschauung der spirituellen Aktivität, des Handelns, des Denkens, des Fühlens, aus der menschlichen geistigen Individualität heraus.

Ich versuchte im Beginn der neunziger Jahre das Bild des Menschen, wie er gegenwärtig strebt, wie er ist, wenn man nicht auf seinen Kopf, sondern auf sein Unterbewußtes sieht, in meiner «Philosophie der Freiheit» zu zeichnen, die ja hier ins Englische übersetzt ist. Der Mensch war früher in Bindungen drinnen, die sein Denken und sein Handeln bestimmten. Man sehe sich einen Menschen des Mittelalters an: Er ist ja nicht in dem Sinne Mensch, wie der heutige, er ist vor allen Dingen der Angehörige eines Standes, einer Kaste. Er ist nicht Mensch, er ist Christ, er ist Adeliger, er ist Bürger. Alles, was er denkt, ist bürgerlich oder adelig oder priesterhaft. Der Mensch wurde erst im Laufe der letzten Jahrhunderte aus solchen Zusammenhängen gelöst. Man fragte in früheren Zeiten, wenn es sich darum handelte, sich sozial hineinzustellen in die menschliche Gemeinschaft als Individuum, man fragte: Was ist gut priesterhaft? Wie verhält man sich als Priester zu den anderen Menschen? Wie verhält man sich als Bürger zu den anderen Menschen? Wie verhält man sich als Adeliger zu den anderen Menschen? – Heute frägt man: Wie verhält sich der Mensch, wenn er sich seiner Menschenwürde und seiner Menschenrechte voll bewußt sein kann?

Da muß aber dann der Mensch in sich etwas finden. Er muß die

Antriebe, die ihm früher das Bürgertum, das Adelstum, das Priestertum gegeben und die ihn zu seinem sozialen Handeln getrieben haben, er muß diese Antriebe in sich selber finden. Und er kann sie nicht in seinem Körper finden, er muß sie in dem Geiste, der eingeprägt ist seiner Seele, finden. Deshalb bezeichnete ich in meiner «Philosophie der Freiheit» den sittlichen Impuls, der zu gleicher Zeit der tiefste soziale Impuls ist, das moralisch Impulsierende im Menschen, das bezeichnete ich als moralische Intuition. Es muß etwas aufgehen in dem Menschen drinnen, was ihm sagen soll im konkretesten Falle des Lebens: So sollst du handeln.

Sehen Sie, da ist alles auf die menschliche Individualität gestellt. Da muß man den einzelnen Menschen, die Individualität anschauen und muß voraussetzen: In diesem Herzen, in dieser Seele sind moralische Intuitionen. Darauf muß alle Erziehung hinauslaufen, diese moralischen Intuitionen zu wecken, so daß jeder Mensch fühlt von sich: Ich bin nicht von dieser Erde allein, ich bin nicht bloß ein Produkt der physischen Vererbung, ich bin aus den geistigen Welten heruntergestiegen auf die Erde und habe etwas zu tun auf dieser Erde als dieser einzelne individuelle Mensch.

Aber da muß man wissen nicht bloß, daß man etwas zu tun hat, sondern was man zu tun hat. Man muß in sich finden in der einzelnen konkreten Situation darinnen, was man zu tun hat. Das muß einem die Seele sagen. Das unbestimmte Gewissen muß zur moralischen individuellen Intuition werden. Das heißt: Frei werden als Mensch –, das heißt: Nur bauen auf dasjenige, was in dem Menschen selber drinnen ist.

Und das haben manche Menschen sehr übelgenommen, weil sie gemeint haben, dann sei alles Moralisch-Soziale in die Willkür des einzelnen Individuums gegeben. Das ist es nicht, sondern es ist gestellt auf diejenige Basis, auf der allein das soziale Leben stehen kann; nämlich einerseits auf der Basis des Vertrauens. Dieses Vertrauen, wir müssen es gewinnen können auch den großen Angelegenheiten des Lebens gegenüber. Den kleinen Angelegenheiten des Lebens gegenüber, da haben wir es; denn wenn ich hier hinausgehe zur Tür, und Mr. K. begegnet mir draußen, habe ich ein unbewußtes Vertrauen, daß er nicht auf mich loskommt und mich niederstößt, indem er gerade seinen Weg geht; ich richte mich selber nach diesem Vertrauen ein und wir weichen einander gegenseitig aus, damit wir uns nicht stoßen. Das tun wir in den kleinen Details des Lebens. Das ist etwas, was, wenn sich der freie Mensch richtig versteht, überall in allen Angelegenheiten des Lebens angewandt werden kann. Aber es ist notwendig, daß Vertrauen herrscht von Mensch zu Mensch. In diesem Vertrauen – was ein goldenes Wort ist –, in der Erziehung zu diesem Vertrauen, zu dem Glauben an den einzelnen Menschen, nicht bloß an die Nation oder an die Menschheit, in dieser Erziehung zu dem Glauben an den einzelnen Menschen liegt dasjenige, was allein Impuls sein kann für das soziale Leben der Zukunft; denn von dem einzelnen Menschen zur Gemeinschaft führt auf der einen Seite nur dieses Vertrauen.

Und die andere Basis ist diese: wir müssen, wenn niemand dasteht, der uns zwingt, irgend etwas zu tun, den Antrieb in uns selber finden. Auch den Gefühls-, den Gemüts-, den Seelenantrieb müssen wir in uns selber finden.

Was heißt das? Wenn ich früher Priester gewesen bin, so wußte ich, wie ich eingeordnet bin in das soziale Leben. Ich brauchte da nicht gerade in ein Buch hineinzuschauen, aber ich habe gewußt: So habe ich mich zu verhalten. Hatte ich das Ordenskleid an, so wußte ich, indem ich das Ordenskleid anhabe, das legt mir ganz bestimmte Pflichten auf. Hatte ich den Adelsdegen, so wußte ich, daß der Adel meine Menschlichkeit bestimmt. Ich war gerichtet, ich war geordnet im sozialen Leben. War ich Bürger, war das ebenso.

Das ist etwas, was, man kann es nun tadeln oder loben, darauf kommt es nicht an, in dem gegenwärtigen Augenblick der Menschheit wegfällt. Sie können noch so viele Menschen finden, die das alles wieder zurückhaben möchten, die Weltgeschichte sagt eben anderes. Da nützt es nichts, abstrakte Programme aufzustellen für allerlei Gemeinschaften, da nützt es nur, die Weltgeschichte sich anzuschauen.

Und da kommen wir zu der Frage: Was soll jetzt der Gefühlsimpuls werden für dasjenige, was soziales Handeln ist, wenn nicht mehr die Priestertugend, nicht mehr die Bürgertugend, nicht mehr die Adelstugend, die Tugend des vierten Standes von hinten treibt?

Es kann nur das werden: wenn wir zu dem, was wir zu tun haben, namentlich gegenüber anderen Menschen, ein solches Vertrauen fassen können, wie wir es zu einem Menschen fassen, wenn wir ihn lieben. Frei sein heißt: in Handlungen sich ausleben, die man liebt.

Vertrauen ist das eine goldene Wort, das in der Zukunft das soziale Leben beherrschen muß. Liebe zu dem, was man zu tun hat, ist das andere goldene Wort. Und in der Zukunft werden diejenigen Handlungen sozial gut sein, die aus allgemeiner Menschenliebe gemacht werden.

Aber man muß diese allgemeine Menschenliebe erst verstehen lernen. Man muß sich nicht in bequemer Weise einreden, sie ist schon da. Sie ist eben nicht da. Und je mehr man sich sagt: sie ist nicht da, desto besser ist es. Denn diese allgemeine Menschenliebe, die muß eben die Liebe zu Taten sein, die muß aktiv werden, die muß sich in Freiheit ausleben können. Dann wird sie aber allmählich aus einem Urteil des häuslichen Herdes oder der Kirchturmnähe zu einem Universellen, zu einem Welturteil.

Und nun frage ich Sie von diesem Gesichtspunkte aus: Wie stellt sich ein solches Welturteil zum Beispiel zu dem, was jetzt als, ich möchte sagen, die furchtbarste Illustration des sozialen Chaos herzzerbrechend zu uns spricht, zu der furchtbaren Not in Osteuropa, in Rußland? Wie stellt es sich dazu?

Da handelt es sich darum, einer solchen Angelegenheit gegenüber die richtige Frage zu stellen. Und die richtige Frage ist diese: Gibt es heute auf der Erde – und die Erde muß hier herangezogen werden, denn wir haben seit dem letzten Drittel des 19. Jahrhunderts nicht mehr Nationalwirtschaft, sondern Weltwirtschaft, das ist das Wichtige, was im sozialen Leben zu beachten ist –, gibt es heute auf der Erde zuwenig Nahrungsmittel für die gesamte Menschheit? Das wird niemand bejahen. Es gibt nicht zuwenig Nahrungsmittel auf der Erde für die gesamte Menschheit! Mag einmal die Zeit kommen, dann müssen die Menschen aus ihrem Genius heraus andere Mittel finden. Heute müssen wir noch sagen: Wenn an einem Fleck der Erde unzählbare Menschen hungern, dann sind es die menschlichen Einrichtungen der letzten Jahrzehnte, die das bewirkt haben. Denn dann sind diese menschlichen Einrichtungen nicht so, daß auf den hungernden Fleck der Erde in der richtigen Zeit die richtigen Nahrungsmittel hinkommen. Es kommt darauf an, wie die Menschen auf der Erde diese Nahrungsmittel im richtigen Augenblick in der richtigen Weise verteilen.

Was ist geschehen? In einem historischen Augenblicke ist in Rußland ein großes Gebiet der Erde durch eine aus reinem Intellektualismus, aus reiner Abstraktion geborenen Fortsetzung des Zarentums abgeschlossen worden von der Welt, eingesperrt worden. Ein für ein großes, aber doch für ein Territorium sich festlegendes Nationalgefühl hat Rußland abgesperrt von der Welt und verhindert, daß jene sozialen Einrichtungen über die Erde hin herrschen, die es möglich machen, daß, wenn einmal die Natur an einem Orte versagt, die Natur an einem anderen Orte durch Menschenhände in ausgiebiger Weise eingreifen kann.

Es müssen die Blicke, die heute das soziale Elend schauen, wenn man den richtigen Gesichtspunkt hat, dahin führen, daß die Menschen «mea culpa» sagen, daß jeder Mensch «mea culpa» sagt. Denn daß der einzelne Mensch als Individualität sich fühlt, schließt nicht das aus, daß er auch mit der ganzen Menschheit sich verbunden fühlt. Man hat in der Menschheitsentwickelung nicht das Recht, sich als Individualität zu fühlen, wenn man sich nicht zu gleicher Zeit als Angehöriger der ganzen Menschheit fühlt.

Das ist, ich möchte sagen, der Grundton, die Grundnote, die aus einer jeden Philosophie der Freiheit kommen muß, die den Menschen in einer ganz anderen Art hineinstellen muß in die soziale Ordnung. Die Fragen werden dann ganz anders.

Was ist alles gefragt worden in sozialer Beziehung in den letzten Jahrhunderten, namentlich im 19. Jahrhundert, und was ist aus diesen Fragen, die zuerst aufgetaucht sind in den höheren Ständen, bei dem Millionenproletariat geworden? Warum ist das Millionenproletariat heute auf Abwegen nach der Ansicht vieler? Weil es falsche Lehren angenommen hat von den höheren Ständen. Es war der Schüler der höheren Stände; das Proletariat hat diese Lehren nicht selber geprägt.

Worauf es ankommt, ist, daß man einmal klar sieht. Die Leute haben gesagt: Der Mensch ist das Produkt der Verhältnisse; wie die sozialen Verhältnisse, die sozialen Einrichtungen ringsherum sind, so ist der Mensch. Andere haben gesagt: Die sozialen Verhältnisse sind so, wie die Menschen sie sich gemacht haben. – Alle diese Lehren sind ungefähr so klug, als wenn jemand sagt oder frägt: Ist der physische Mensch das Produkt seines Kopfes oder das Produkt seines Magens? Der physische Mensch ist eben weder das Produkt seines Kopfes noch das Produkt seines Magens, sondern das Produkt der fortwährenden Wechselwirkung zwischen Kopf und Magen. Die müssen immer zusammenwirken. Der Kopf ist Ursache und Wirkung; der Magen ist Ursache und Wirkung. Und wenn wir tiefer eingehen auf die menschliche Organisation, so finden wir sogar, daß der Magen vom Kopf gemacht wird; denn im embryonalen Leben entsteht zuerst der Kopf, und dann bildet sich erst der Magen; und dann wiederum macht der Magen den Organismus. So müssen wir nicht fragen: Sind die Verhältnisse, das Milieu die Ursache, daß die Menschen so und so sind? Oder sind es die Menschen, die das Milieu, die Verhältnisse gemacht haben? Wir müssen uns klar sein, daß jedes Ursache und Wirkung ist, daß alles ineinanderwirkt, und daß wir vor allen Dingen heute die Frage aufwerfen müssen: Was für Einrichtungen müssen da sein, damit die Menschen die richtigen Gedanken haben können in sozialer Beziehung? Und was für Gedanken müssen da sein, damit im Denken auch diese richtigen sozialen Einrichtungen entstehen?

Die Menschen haben nämlich gerade, wenn es auf das äußere praktische Leben ankommt, die Ansicht: Erst kommt dieses, dann kommt dieses. Damit kommt man in der Welt nicht vorwärts. Man kommt nur vorwärts, wenn man im Kreise denkt. Da denken aber die meisten Menschen: Da geht einem ein Mühlrad im Kopfe herum. Das können sie nicht. Man muß im Kreise denken; man muß sich denken, wenn man die äußeren Verhältnisse anschaut, sie sind vom Menschen gemacht, aber sie machen auch die Menschen; oder wenn man die menschlichen Handlungen anschaut, sie machen die äußeren Verhältnisse, aber werden auch wiederum getragen von den äußeren Verhältnissen. Und so müssen wir fortwährend mit unseren Gedanken hin- und hertanzen, wenn wir die Wirklichkeit haben wollen. Und das wollen die Menschen nicht. Die Menschen möchten, wenn sie irgend etwas anordnen, vor allen Dingen ein Programm: Erstens, zweitens, drittens bis zwölftens meinetwegen, und zwölf ist das letzte und eins ist das erste. Aber das ist leblos. Denn jedes Programm muß so sein, daß man es auch umkehren kann, daß man auch bei zwölf anfangen kann bis eins zurück, geradeso wie der Magen den Organismus ernährt, und wenn die Nerven, die unter dem kleinen Gehirn liegen, nicht ordentlich sind, kann nicht ordentlich geatmet werden. Geradeso wie das sich umkehrt im Leben, so hat man auch im sozialen Leben hinzuschauen darauf, daß alles sich umkehrt.

Und so hat mein Buch: «Die Kernpunkte der sozialen Frage» aus den sozialen Verhältnissen heraus Leser voraussetzen müssen, welche mit ihren Gedanken sich umkehren können. Aber das wollen die Menschen nicht, sie wollen vom Anfang bis Ende lesen und dann wissen: Jetzt haben sie das Ende erreicht. Daß das Ende der Anfang ist, darauf wollen sie nicht eingehen. Und so war das das ärgste Mißverständnis dieses sozial gemeinten Buches, daß man es falsch gelesen hat. Und man fährt fort, es falsch zu lesen. Man will sich nicht mit den Gedanken dem Leben anpassen, sondern man will, daß das Leben sich dem Denken anpasse. Das ist aber ganz und gar nicht die Voraussetzung der sozialen Einrichtungen, die diesen Darstellungen zugrunde liegen. Ich werde dies dann gleich im nächsten Teile fortsetzen.

Meine Damen und Herren, als die Dreigliederung des sozialen Organismus anfing etwas besprochen zu werden unter den Menschen, da konnte ich ein merkwürdiges Urteil hören. Die Dreigliederung wirft ihren Blick auf die drei Strömungen im sozialen Leben, die ich in diesen Tagen charakterisiert habe, auf das Geistesleben als solches, wie es heute besteht als Erbschaft der Theokratie; denn alles geistige Leben ist zum Schluß zurückzuführen auf dasjenige, was in den Theokratien zunächst als Ursache gelegen hat. Zweitens auf dasjenige, was ich juristisch-staatliches Leben nenne; drittens auf dasjenige, was ökonomisches, wirtschaftliches Leben zu nennen ist. Als der Blick auf die drei Ideen der Dreigliederung, den Impuls der Dreigliederung geworfen wurde, da kamen zunächst diejenigen Menschen, die vielleicht mit ihrem Körper ganz gut in der Welt drinnenstehen, vielleicht sogar Fabrikanten sind in ihrem äußeren Leben, Pastoren sind in ihrem äußeren Leben, also mit ihrer Leiblichkeit irgendwo im äußeren Leben lokalisiert sind, sie kamen und sie dozierten nun: Ach ja, nun können wir froh sein, nun taucht eine neue Idee auf, die endlich wieder die alte grandiose Plato-Idee zur Geltung bringt, denn es ist ja nur ein Aufwärmen desjenigen, was Plato als Gliederung der Menschen hingestellt hat in Nährstand, Wehrstand, Lehrstand. Da haben wir den alten Plato wiederum zu Ehren gebracht.

Nun, meine Damen und Herren, ich hatte nichts anderes zu sagen, als: Für all jene Menschen, die zunächst, wenn eine neue Idee auftaucht, in die Bibliothek gehen und nachschauen, wo die registriert ist, mag das so sein; für denjenigen, der die Dreigliederung versteht, ist die Dreigliederung das Gegenteil von dem, was Plato geschildert hat als Nährstand, Wehrstand und Lehrstand, das genaue Gegenteil. Und zwar, weil Plato so und so viel Jahre vor dem Mysterium von Golgatha gelebt hat. Für die damalige Zeit war die Gliederung im Nährstand, Lehrstand und Wehrstand richtig; heute sie wiederum auffrischen zu wollen, ist absurd. Denn bei der Dreigliederung des sozialen Organismus handelt es sich nicht darum, daß hier wiederum die Menschen gegliedert werden, so daß einer drinnensteckt in dem Lehrstand, der andere in dem Wehrstand, in dem juristischen und Kriegerstand, der andere drinnensteckt in dem Nährstand, sondern es handelt sich um Einrichtungen, um Institutionen, in denen abwechselnd jeder drinnen sein kann, weil wir es in der neueren Zeit mit Menschen zu tun haben, und nicht mit Ständen. So daß es sich darum handelt, daß eine Institution da ist, in welcher universell das geistige Leben des Menschen gepflegt wird, das lediglich auf die Fähigkeiten der Individualitäten gebaut sein muß; daß zweitens da ist die staatlich-juristische Institution in ihrer Selbständigkeit, ohne Intentionen, die anderen Glieder des sozialen Organismus zu verschlingen, und daß drittens da ist eine Institution, die rein wirtschaftlich ist.

Die staatlich-juristische wird es zu tun haben mit all dem, was der einzelne Mensch mit dem anderen abzumachen hat, was von Mensch zu Mensch festzusetzen ist.

Im geistigen Leben kann nicht jeder ein Urteil haben; im geistigen Leben kann jeder nur das Urteil haben, zu dem er befähigt ist. Da muß alles aus der Individualität herauskommen. Das geistige Leben muß auf die Individualitäten gebaut sein. Das geistige Leben macht notwendig, daß es ein in sich geschlossener, einheitlicher Körper ist. – Sie werden sagen: Das ist es nicht. – Aber ich werde gleich darauf zu sprechen kommen.

Das staatlich-juristische Leben macht es notwendig, daß die Menschen im Sinne der schon einmal heraufgekommenen Demokratie, wo der Mensch als Mensch Gelegenheit hat, von Mensch zu Mensch sich verständigen zu können über dasjenige, worüber jeder Mensch ein Urteil haben muß, worüber es nicht Sach- und Fachkenntnis gibt, sondern worüber jeder Mensch ein Urteil haben muß. Es gibt ein solches Gebiet des Lebens, das ist das Juristisch-Staatliche.

Und drittens das ökonomische Gebiet. Da zeigt sich, wie da alles nicht von dem einzelnen Urteil ausgehen kann – das Urteil des einzelnen ist gleichgültig, denn es kann niemals richtig sein –, sondern von den Assoziationen, von den Gemeinschaften der Menschen, die aus dem Zusammenfluß ihrer Urteile ein gemeinschaftliches Urteil heraus zustande bringen. Nicht darauf kommt es an, daß man sagt, man solle den Staat oder sonst irgendeine Gemeinschaft in drei Glieder teilen, sondern darauf kommt es an, daß von diesen drei Gliedern jedes dasjenige tun kann, was es tun soll, damit der soziale Organismus richtig wirkt.

Mit der Denkweise, die ich hier vertrete, meine Damen und Herren, kann man drinnenstehen in der Welt. Man kann unter Umständen – ich will jetzt nur hypothetisch das anführen –, man kann aus seinen Fähigkeiten heraus das oder jenes wollen, man kann vielleicht sogar die Geschicklichkeit, die Technik dazu haben, das oder jenes zu wollen; aber dasjenige, was man selber als Mensch tut, wird ja weiter getan durch andere Menschen. Ich handle; darauf kommt etwas an, aber nicht alles und nicht die Hauptsache. Es kommt darauf an, daß meine Handlung von dem anderen verständig weitergeführt wird, daß sie weiter von einem dritten, vierten, xten geführt wird. Dazu muß aber der soziale Organismus so geführt werden, daß die Spuren meiner Handlung nicht verschwinden. Sonst tue ich etwas in Oxford; es wird weiter getan, weiter getan; aber in Whitechapel ist keine Spur mehr davon vorhanden. Dann sehen wir nur das äußere Symptom, dann sehen wir nur, daß dort Elend ist. Das Elend muß aber hervorgehen, wenn die menschlichen Kräfte nicht in der richtigen Weise eingehen können in den sozialen Organismus.

Wir schauen nach Rußland – Elend. Warum? Weil die sozialen Kräfte nicht richtig eingreifen können in den sozialen Organismus; weil der soziale Organismus nicht in der richtigen Weise nach seinen naturgemäßen drei Gliedern gegliedert ist. Wenn ein sozialer Organismus so gegliedert ist, daß darinnen das Geistesleben frei auf die Individualitäten gestellt ist, daß ein juristisch-staatliches Leben da ist, welches alle die Angelegenheiten ordnet, wofür jeder Mensch kompetent ist, gleichgültig was er für einen Bildungsstand und so weiter hat, und wenn drittens ein selbständiges wirtschaftliches Leben da ist, das es nur zu tun hat mit Produktion, Warenkonsumtion und Zirkulation, dann ist dieser Organismus so gegliedert, daß die einzelne Handlung, die einer tun kann, wirklich so durchfließt durch den sozialen Organismus, wie das Blut durch den Menschen durchfließt.

Ja, das kann man aus einer wirklichen realen Welterkenntnis heraus. Aber aus einer solchen realen Welterkenntnis heraus müssen es auch die Menschen verstehen. Wenn heute so etwas gesagt wird, und es kommt dann jemand und erklärt es theoretisch mit doktrinärem Marxismus und Intellektualismus, dann wird das natürlich gar nicht aufgefaßt, dann weiß man gar nicht, was der nun meint, der nun nicht an der Oberfläche bleibt und an der Oberfläche das Elend sieht, und sagt: Da kann man nichts bessern, man muß erst die Menschen in solche soziale Zusammenhänge hineinbringen, daß aus den Zusammenhängen der Menschen heraus das Elend verschwindet. Das ist es.

Und da müssen wir uns klar sein, allmählich hat das, was ursprünglich Theokratie war, vom Leben sich entfernt. Denn in denjenigen Stätten, wo die ursprünglichen Theokraten gelebt haben, da gab es keine Bibliotheken, da war nicht die Wissenschaft in Bibliotheken eingereiht; da setzte man sich nicht hin, wenn man sich vorbereitete, um eine Wissenschaft zu beherrschen, und studierte alte Bücher, sondern da lebte man mit dem lebendigen Wesen des Menschen. Da sah man den Menschen an. Da fragte man sich: Was ist da draußen mit dem Menschen zu tun. Die Bibliothek war die Welt. Man schaute nicht in Bücher, sondern auf die menschliche Physiognomie, man achtete auf menschliche Seelen, man las in ihnen; man schaute nicht in die Bücher hinein, sondern man schaute auf die Menschen. In die Bibliotheken ist allmählich unsere Wissenschaft hineingegangen oder sonst irgendwie aufgespeichert, vom Menschen getrennt.

Wir brauchen ein Geistesleben, das wiederum ganz in der Welt drinnensteht, wir brauchen ein Geistesleben, wo die Bücher aus dem Leben heraus geschrieben sind, ins Leben hinein wirken und nur Anregungen sind für das Leben, nur Mittel und Wege sein wollen für das Leben. Wir müssen aus der Bibliothek heraus. Wir müssen gerade im geistigen Leben in das Leben hinein. Und wir müssen ein Erziehungswesen haben, das nicht nach Regeln verfährt, das nach den Kindern verfährt, die real da sind, nach Menschenkenntnis; aus Menschenkenntnis heraus die Kinder kennenlernt und aus dem Kinde selbst herausliest, was zu tun ist jeden Tag, jede Woche, jedes Jahr.

Wir brauchen ein staatlich-juristisches Leben, in dem Mensch dem Menschen gegenübersteht, wo nur nach dem geurteilt wird, wozu eine berechtigte Kompetenz jeder einzelne hat, wie ich schon sagte, gleichgültig in welchem Beruf, in welcher sonstigen Situation er drinnensteht. Das gehört in das staatlich-juristische Leben hinein; was alle Menschen gleich macht.

Was wird dann in das geistige Leben hineinkommen, wenn das geistige Leben so aufgefaßt wird, wie ich es jetzt beschrieben habe? Vom wirtschaftlichen Leben wird von selbst nach und nach die Kapitalverwaltung in das geistige Leben hineinkommen. Schimpft man heute über den Kapitalismus – man kann ja nichts machen gegen den Kapitalismus, man braucht doch den Kapitalismus. Es handelt sich nicht darum, daß Kapital da ist, Kapitalismus da ist, sondern: welche sozialen Kräfte in dem Kapital und Kapitalismus wirken. Der Kapitalismus ist entstanden aus der geistigen Erfindungsgabe der Menschheit. Er ist schon aus dem Geistigen heraus entstanden durch Arbeitsteilung und geistige Erkenntnis. Ich habe nur zur Illustration, weil ich keine Utopie geben wollte, in meinen «Kernpunkten» gesagt, wie etwa dieses Hinströmen des Kapitals zum geistigen Glied des sozialen Organismus geschehen könnte, indem derjenige, der zunächst Kapital erworben hat und dadurch Kapital arbeitend hat, und mit seiner eigenen Person bei dieser Arbeit des Kapitals dabei ist, indem der so, wie man es heute mit den Büchern macht, die nach dreißig Jahren an die Allgemeinheit übergehen, dafür sorgt, daß das Kapital an die Allgemeinheit übergeht. Ich habe es nicht als einen utopischen Standpunkt aufgestellt, sondern gesagt, so könnte man vielleicht dazu kommen, dem Kapital diese Strömung zu geben, so daß es, statt daß es überall stockt, in die Blutzirkulation des sozialen Lebens hineinkomme. Alles das, was ich gesagt habe, ist gesagt als Illustration, sind nicht Dogmen, nicht utopische Begriffe, sondern ich wollte etwas anführen, was vielleicht durch die Assoziation geschehen wird.

Es kann vielleicht aber etwas ganz anderes geschehen. Derjenige, der lebensvoll denkt, setzt nicht Dogmen hin, die ausgeführt werden sollen, sondern rechnet mit Menschen, die aus ihrem Zusammenhang dasjenige herausbringen, was sozial ziel- und zweckvoll ist, wenn diese Menschen in der richtigen Weise in den sozialen Organismus hineingestellt sind. Überall ist gerechnet mit Menschen und nicht mit Dogmen. Aber ich habe es ja erleben müssen: Dasjenige, was eigentlich gemeint war mit den «Kernpunkten», ist gar nicht diskutiert worden. Dagegen haben die Leute gefragt: Wie wird man es dahin bringen, daß das Kapital sich nach so und so viel Jahren an den Fähigsten vererbt? Und so weiter. Die Menschen wollen ja nichts Wirkliches, wollen nur Utopien. Das ist es aber, was gerade gegen die unbefangene Aufnahme eines solchen Impulses spricht, wie er in der Dreigliederung vorliegt.

Und so wird man sehen, wenn das juristisch-staatliche Leben in der richtigen Weise sich auswirken kann, daß dieses juristisch-staatliche Leben vor allen Dingen dann die Arbeit des Menschen einbezieht. Die Arbeit des Menschen steckt ja heute ganz im wirtschaftlichen Leben drinnen. Sie wird nicht behandelt als etwas, was von Mensch zu Mensch bestimmt wird. Ich habe etwa 1905 einen Aufsatz geschrieben über die soziale Frage, und habe da klarmachen wollen, daß unter unserer heutigen Arbeitsteilung Arbeit nur eine Ware wird, indem sie hineinfließt in den ganzen übrigen Organismus. Für uns selber hat in Wirklichkeit unsere Arbeit nur einen Scheinwert. Nur was die anderen für uns tun, hat einen Wert; während das, was wir tun, für die anderen einen Wert haben soll. Das ist etwas, was die Technik schon erreicht hat. Nur sind wir mit unserer Moral noch nicht nachgekommen. Technisch, innerhalb der heutigen sozialen Ordnung, kann man nichts für sich machen, nicht einmal einen Rock. Sogar wenn man sich den Rock selber macht, so hat er einen solchen Preis, wie er ihn haben würde, wenn er innerhalb der ganzen sozialen Ordnung von einem anderen gemacht wird. Das heißt, was den Rock ins Ökonomische hineinstellt, das ist universell, ist aus der Gemeinschaft heraus bestimmt. Es ist nur ein Scheingebilde, wenn man meint, der vom Schneider für sich selbst hergestellte Rock sei billiger. Man kann das ausrechnen mit Zahlen, da erscheint es billiger. Würde man es aber hineinstellen in eine Gesamtbilanz, so würde man sehen: Ebensowenig wie man aus seiner eigenen Haut herausfahren kann, ebensowenig kann man, indem man sich selber ein Kleidungsstück macht, das Ökonomische ändern oder ausschalten. Auch das Kleidungsstück, das man für sich selbst gemacht hat, muß insgesamt bezahlt werden. Die Arbeit ist dasjenige, was der Mensch für den Menschen macht, die nicht darnach geordnet werden kann, wieviel Arbeitszeit man in der Fabrik braucht. Die Bewertung der Arbeit führt im eminentesten Sinne hinein in das Gebiet des Rechts, der staatlich-juristischen Ordnung.

Daß das nicht unzeitgemäß, sondern zeitgemäß ist, das können Sie daraus entnehmen, daß die Arbeit überall geschützt wird, gesichert wird und so weiter. Aber das sind alles nicht halbe, das sind Viertelsmaßregeln, die nur dann voll zur Geltung kommen können, wenn eine richtige Dreigliederung des sozialen Organismus da ist. Denn dann wird erst der Mensch dem Menschen gegenüberstehen und wird erst die Arbeit eine richtige Regelung finden, wenn Menschenwürde gegen Menschenwürde sprechen wird, aus dem heraus, für das alle Menschen kompetent sind.

Dann werden Sie sagen: Ja, da kann einmal nicht genügend Arbeit da sein, wenn auf diese Weise im demokratischen Staat dann die Arbeit bestimmt wird. Ja, da ist einer der Punkte, wo das Soziale hineinführt in das Allgemein-Historische, in die allgemeine Menschheitsentwickelung. Das wirtschaftliche Leben darf nicht die Arbeit bestimmen. Es muß eingeschlossen sein auf der einen Seite zwischen der Natur, auf der anderen Seite zwischen der staatlich festgesetzten Arbeit. Geradesowenig wie ein Komitee jetzt bestimmen kann, wie viele Regentage im Jahre 1923 da sein sollen, damit man richtig wirtschaften kann im Jahre 1923, wie man das hinnehmen und damit rechnen muß als einem Gegebenen, mit demjenigen, was die Natur gibt, so wird man auch im selbständigen wirtschaftlichen Organismus rechnen müssen mit dem Gegebenen als mit einer Arbeitsmenge, die innerhalb des staatlich-juristischen Organismus sich ergibt. Das kann ich nur im allgemeinen erwähnen als eine Charakteristik.

Im ökonomischen Glied des sozialen Organismus werden die Assoziationen dastehen, in denen werden Konsumenten und Produzenten und Händler in gleicher Weise aus ihren Lebenserfahrungen heraus ein assoziatives Urteil – nicht ein individuelles, das gar keine Bedeutung hat –, ein assoziatives Urteil abgeben. Das kann man heute nicht erreichen, wenn man die kleinen Ansätze nur verfolgt, welche da sind. Daß diese kleinen Ansätze da sind, beweist, daß unbewußt in der Menschheit die Intention besteht, es so zu machen. Man gründet Genossenschaften, Gewerkschaften, alle möglichen Gemeinschaften. Gewiß, das bezeugt, daß der Drang da ist. Aber wenn sie heute eine Genossenschaft gründen neben der übrigen sozialen Ordnung, so muß diese Genossenschaft entweder hineinwachsen in die übrige soziale Ordnung, gerade solche Preise haben, geradeso die Ware auf den Markt bringen, wie dies üblich ist, oder aber sie muß zugrunde gehen. Dasjenige, um was es sich bei der Dreigliederung des sozialen Organismus handelt, ist nicht, aus einem utopistischen Gedanken heraus Wirklichkeiten zu schaffen, sondern das, was wirklich ist, anzufassen; diejenigen Institutionen, die gegenwärtig da sind, diejenigen, die konsumieren, die produzieren, der Unternehmer, das, was da ist selber ohne Neugründung, das soll in Assoziationen zusammengefaßt werden. Man soll gar nicht fragen: Wie gründet man neue Assoziationen? – Sondern: Wie faßt man die wirtschaftlichen Verbände, die wirtschaftlichen Institutionen, die da sind, in Assoziationen zusammen? – Dann wird vor allen Dingen innerhalb dieser Assoziationen aus der wirtschaftlichen Erfahrung heraus eines richtig erfolgen, woraus tatsächlich eine soziale Ordnung kommen kann – wie aus dem gesunden menschlichen

Organismus eben die menschliche Gesundheit kommt im menschlichen Leben –, eine ökonomische Zirkulation: Produktionsgeld, Leihgeld und Schenkungsgeld, Stiftung. Ohne daß diese drei Glieder darinnen sind, gibt es keinen sozialen Organismus. Man kann heute noch so viel wettern gegen die Stiftungen, Schenkungen, sie müssen da sein. Die Menschen machen sich nur etwas vor. Sie sagen sich: Ja, in einem gesunden sozialen Organismus gibt es keine Schenkungen. Aber sie zahlen ihre Steuern. Die Steuern sind ja nur der Umweg; denn darin sind die Schenkungen, die wir an die Schulen und so weiter abgeben, das sind die Schenkungen.

Die Menschen sollten aber eine solche soziale Ordnung haben, wo sie immer sehen, wie die Dinge laufen, und sich nicht etwas vormachen. Wenn sie das soziale Leben herauskriegen allmählich aus demjenigen, was jetzt konfundiert alles in sich enthält, dann werden sie, wie sie jetzt in dem gesunden menschlichen Organismus das Blut laufen sehen, so das Geld laufen sehen als Produktionsgeld, Leihgeld, Schenkungsgeld. Und sie werden sehen, wie mit dem Menschen zusammenhängt auf der einen Seite im Handels-, Zirkulations-, Produktions- und Erwerbsgeld dasjenige Geld, das angelegt wird, damit es auf dem Wege des Leihens, indem es verzinst wird, wiederum in die Produktion übergeht, und auf der anderen Seite das Schenkgeld, das zufließen muß dem, was freies Geistesleben ist.

So nur können die Menschen am sozialen Geschehen teilnehmen, daß jeder in der freien Assoziation sieht: So läuft das Leben – dann kann Gesundheit hineinkommen in den sozialen Organismus. Dieser Dreigliederungsidee gegenüber ist alles abstrakte Denken verpönt. Da gibt es nur lebendiges Denken.

Aber wir haben ja heute auch im Ökonomischen nicht mehr lebendiges Denken. Wir haben überall abstraktes Denken. Denn wo lebt denn die heutige Ökonomie? Wie hat sie begonnen, als sie sich herausgearbeitet hat aus der Zeit, wo man noch irgendeinen schmutzigen Fetzen Papier genommen hat und sich seine Einnahmen und Ausgaben aufgeschrieben hat. Als die Sache komplizierter geworden ist, da nahm man dafür diejenigen, die im Priestertum waren, die Kleriker; die wurden die Schreiber. Die leiteten nun von ihren Kenntnissen aus dasjenige, was sie verstanden von dem äußeren Leben. Heute – wer ist der Nachfolger des Klerikers, des Schreibers, der aus der Kirche heraus genommen wurde, um die Ökonomie des Fürsten zu registrieren? Das ist der Buchhalter. Der Buchhalter, er hat in seinem Kassabuch, in seinem Hauptbuch nur noch eine ganz kleine Erinnerung daran, die auch nur noch in wenigen Gegenden vorhanden ist. Wenn man aufschlägt die erste Seite – ich weiß nicht, ob es hier auch noch so ist – da steht: «Mit Gott.» Solche Buchhaltungsbücher gibt es in gewissen Gegenden. «Mit Gott» steht da. Es erinnert noch an alte Zeiten. Wenn man weiterblättert, da findet man wenig, was «mit Gott» ist. Nun, da ist hinein abstrahiert alles dasjenige, was aber volles Leben sein muß, was in den Assoziationen als Leben dastehen muß, was nicht in die Bücher hineinkommen kann.

Und so handelt es sich bei der Dreigliederung wirklich nicht darum, wiederum in alter Weise, diese Begriffe, die wir haben: Geistesleben, Staatsleben, wirtschaftliches Leben so herumzukollern, und ein bißel anders herumzukollern, als man es in der jüngsten Zeit versucht hat, herumzukollern; sondern es handelt sich darum, überhaupt einmal den Begriff des Organismus zu erfassen, und dasjenige, was allmählich so ungeheuer stark hineingedrängt hat in das Abstrakte, wiederum zum Leben zurückzuführen. In diesem Zurückführen zum Leben liegt dasjenige, worauf es ankommt. Denn in den Assoziationen des Wirtschaftslebens werden alle sitzen; auch die Vertreter des geistigen Lebens werden drinnensitzen, denn sie essen. Es werden die Staatsvertreter drinnensitzen. Und umgekehrt werden in den anderen Gliedern alle drinnen sein.

Dann aber ist etwas die notwendige Folge, was die Leute furchtbar schockiert, wenn man in der Gegenwart davon spricht – natürlich setzt man manchmal etwas Paradoxes hin, um die Sache genauer zu charakterisieren. Ich habe einmal einem Industriellen, der ein ausgezeichneter Mensch auf seinem Gebiete ist, gesagt: Wir werden erst recht ins Leben hineinkommen, wenn Sie in der Fabrik einen Menschen haben, der sich ins volle Leben der Fabrik hineinstellt, der mit seinem ganzen Wesen dadrinnen steht; dann kommt irgendeine Hochschule, eine technische Hochschule, die nimmt sich diesen Menschen aus der

Fabrik heraus, nicht den, der gerade zubereitet ist, sondern diesen aus dem Leben heraus nimmt sie. Sie stellt ihn hin, damit er nun fünf oder zehn Jahre dasjenige den Jungen oder Mädchen zu sagen hat, was zu sagen ist aus dem Leben. Dann, wenn das ein bißchen altbacken geworden ist, mag er wieder zurückgehen in die Fabrik. – Es wird das Leben kompliziert, aber das fordert die Zeit, das läßt sich nicht anders machen.

Geradeso wie immer neues Leben die soziale Ordnung durchströmen wird, oder die soziale Ordnung wird in die Dekadenz kommen, so muß man sagen: Entweder muß der Mensch wirklich Mensch werden, das heißt, er muß mit seinen Fähigkeiten zirkulieren können im sozialen Organismus, oder wir kommen in die Dekadenz hinein. Man kann ja die Dekadenz wählen, wenn man will, wenn man auf dem alten Standpunkt stehenbleiben will; aber Stehenbleiben, das läßt uns eben die Evolution nicht. Das ist es, auf was es ankommt.

Abschließend möchte ich sagen: Ich konnte mehr in einem Gefühle entwickeln, was von dem Gesichtspunkte aus, von dem ich hier sprach, zu sagen war. Dieser Gesichtspunkt soll nicht in einseitiger Weise als ein spiritueller aufgefaßt werden, sondern spirituell nennt er sich nur deshalb, weil er aus dem Geiste des Lebens heraus sein will. So konnte ich mehr nach dem Gefühl den Impuls nur charakterisieren, der ja leben soll durch diese soziale Idee. Mehr kann man nicht in drei Vorträgen.

Aber, meine Damen und Herren, daß ich dieses konnte und durfte hier, das ist dasjenige, wofür ich Ihnen jetzt, wo ich diese Vorträge abschließen werde, auf das allerherzlichste danke. Ich empfinde diesen Dank wirklich im tiefsten Herzen in erster Linie gegenüber Mrs. *Mackenzie* an der Spitze dieses Komitees, ohne deren Bemühungen die ganze Oxforder Unternehmung unmöglich hätte zustande kommen können. In erster Linie sei Mrs. Mackenzie der aufrichtigste, herzlichste Dank ausgesprochen, und dann dem ganzen Komitee, das ihr hilfreich zur Seite gestanden hat. Insbesondere danke ich auch dafür, daß dasjenige, was wir durften einordnen als Künstlerisches dem Streben, das wir von Dornach aus in die Welt hineinschicken möchten, daß auch das

Eurythmisch-Künstlerische in konkreter Art hat hier zur Geltung kommen dürfen in Oxford während dieses Meetings. Dafür allen denjenigen, die sich dafür Verdienste erworben haben, herzlichsten Dank! Sie werden fühlen, daß dieser Dank ein ernster sein muß, wenn ich Ihnen sage, daß ja doch das Goetheanum in Dornach hingestellt worden ist als ein Ausgangspunkt für dasjenige, was erst real wird, wenn solche Dinge geschehen, wie sie jetzt hier in Oxford geschehen sind. Und daß das Verständnis und gute Herzen braucht, das werden Sie aus dem ersehen können, was ich nicht als Anspielung sage, wirklich nicht, aber erwähnen doch möchte, daß wir wohl werden im November unseren Bau unterbrechen müssen, nicht werden fortsetzen können, weil wir nicht die nötigen Geldmittel haben. Wir glauben aber, daß sie noch in der Welt vorhanden wären, und daß also auch da irgendwo etwas stockt. Wenn die Sachen so weitergehen, wie sie im richtiggehenden sozialen Organismus weitergehen würden, dann – aber das ist etwas, was uns in Dornach gerade mit der allergrößten Sorge bedrückt, daß dieses Werk unternommen wurde und durch die Ungunst der Zeitverhältnisse, wenn nicht zur rechten Zeit sich Verständnis für die Fortsetzung findet, unterbrochen werden müßte. Ich will das aus dem Grunde erwähnen, damit Sie sehen, wie herzlich der Dank gemeint ist, den ich Ihnen hier ausspreche.

Wenn ich den Versuch gemacht habe, auf der einen Seite das Erziehungsmäßige auseinanderzusetzen, auf der anderen Seite das Soziale, so möchte ich doch darauf aufmerksam machen, daß das von Dornach aus gepflegt werden soll als ein Universelles. Zunächst ist ja vom Weltanschauungs-, vom Erkenntnisstandpunkte ausgegangen worden, als die anthroposophische Bewegung gegründet worden ist. Und erst als Menschen gesehen haben und gefühlt haben in unserer Zeit aus dem, was in unserer Zeit an Niedergangskräften lebt, daß in erzieherischer Weise und auch in sozialer Weise etwas geschehen muß, da sind die Menschen herangekommen an mich mit der Frage: Was hat Anthroposophie zu sagen für Schulgründungen, die mit dem vollen Leben rechnen, mit einer Zukunft, die aus den tieferen Menschenkräften hervorgeht? Denn aus der Oberfläche der Menschenkräfte läßt sich für die Zukunft zunächst nichts gewinnen.

Nicht aus irgendeiner Schrulle heraus, auch nicht aus einer abstrakten Idee ist die erzieherische Strömung entstanden, sondern weil Menschen gekommen sind, die an die Anthroposophie diese Frage gestellt haben, die wissen wollten, was Anthroposophie da zu sagen habe aus dem Leben heraus, nicht aus einer sektiererischen Bestrebung.

Und in noch höherem Maße war das der Fall mit der sozialen Frage. Auch da sind Menschen, denen das Herz brach über dasjenige, was in der Gegenwart in den Niedergang hineinführt, gekommen und wollten wissen, was anthroposophische Erkenntnis an wirklichem Eindringen in die Realität zu sagen hat über Impulse, die von der Gegenwart in die Zukunft hineingeschickt werden sollen.

Daß ich hier Verständnis dafür fand, dafür sage ich am Schlusse meinen herzlichsten Dank, indem ich noch betone, daß dasjenige, was gerade so gesagt werden muß, darauf angewiesen ist, daß es aufgenommen wird in das volle Leben, daß es aus dem College hinauswirkt in die Welt, wo die Menschen stehen, daß es also nicht antiquarische Wissenschaft sei, sondern daß gerade in den Stätten des geistigen Lebens die Impulse entstehen, die bewirken, daß auch in den Fabriken die richtigen Menschen stehen, die gerade das Kapital verwalten, von denen Leben ausgeht. Daß das charakterisiert wurde mit Beispielen, die sich darbieten, wird man mir nicht übelnehmen, wenn ich auf der anderen Seite wiederhole, was ich schon mehrmals gesagt habe, daß es mir mit ein ganz besonderes beglückendes Gefühl war, diese Impulse hier in Oxford auseinandersetzen zu können, wo jeder Schritt auf die Straße inspirierend wirkt aus dem ehrwürdigen Alter heraus, wo das ganz besonders wirkt, was derjenige braucht, der aus dem Geiste heraus sprechen will.

In älteren Zeiten war nicht der Geist lebendig, der heute lebendig werden muß, und der in die Zukunft hinein wirken soll, aber es war Geist lebendig. Und dieser Geist kann inspirierend wirken. Deshalb war es mir auch tief befriedigend, gerade hier unter dem Eindruck des Altehrwürdigen, des Verehrungswürdigen in Oxford diese Vorträge halten und diese Anregungen geben zu dürfen.

Ich muß zum Schluß noch einen Dank aussprechen. Sie werden alle verstehen, daß ich außerordentlich dankbar bin Mr. *Kaufmann*, der mit großer Liebe hier die Übersetzungen geleistet hat. Wenn man weiß, wieviel Mühe die Übersetzung verhältnismäßig schwieriger Dinge macht, wieviel das von den Kräften des Menschen auch in kurzer Zeit wegnehmen kann, dann weiß man zu würdigen, welche Arbeit gerade Mr. Kaufmann in den letzten Wochen in Oxford für diese Holiday-Konferenz geleistet hat. Ich spreche ihm hier, und hoffentlich tun das auch noch viele, diesen Dank aus, und bitte, daß er mir diesen letzten Übersetzerdienst noch tut, und dasjenige, was ich eben hier gesagt habe, auch so treu und wörtlich noch übersetzt, wie er das vorige übersetzt hat.

HINWEISE

Die hier vorliegenden Vorträge bildeten den Abschluß einer Vortragsreihe Rudolf Steiners im Rahmen einer Sommertagung in Oxford, die unter dem Patronat des englischen Unterrichtsministers H. A. Fisher, des Leiters des Manchester College der Universität Oxford, stand. Zugleich handelt es sich bei diesen drei Vorträgen um die letzte zusammenhängende Darstellung Rudolf Steiners über soziale Fragen, insbesondere die Dreigliederung des sozialen Organismus. Die insgesamt 12 Vorträge sind innerhalb der Gesamtausgabe erschienen in dem Band «Die geistig-seelischen Grundkräfte der Erziehungskunst», GA 305.

Textgrundlagen: Die Vorträge wurden von der Berufsstenografin Helene Finckh mitstenografiert und in Klartext übertragen. Diese Übertragungen liegen dem Druck zugrunde. Im Zusammenhang mit der Herausgabe dieser Vorträge innerhalb der Gesamtausgabe wurde bei kritischen Textstellen das Originalstenogramm zum Vergleich hinzugezogen.

Rudolf Steiner hat die Vorträge in deutscher Sprache gehalten. Seine Ausführungen, hier in zwei längere Abschnitte gegliedert, wurden unmittelbar von George Adams-Kaufmann übersetzt. Die Unterbrechung ist im Text durch einen Zwischenraum gekennzeichnet.

Frühere Veröffentlichung: In dem von Roman Boos herausgegebenen Band «Geschichte und Überwindung des Imperialismus», Zürich 1946.

Werke Rudolf Steiners innerhalb der Gesamtausgabe (GA) werden in den Hinweisen mit der Bibliographie-Nummer angegeben. Siehe auch die Übersicht am Schluß der Ausgabe.

zu Seite

11 *Robert Owen,* 1771 - 1858. Sozialreformer. Seine sozialen Ideen verwirklichte er in seinem Fabrikdorf New Lanark.

Franz Oppenheimer, 1864 - 1943. Er gründete Siedlungsgenossenschaften, um das Bodenmonopol des Großgrundbesitzes zu brechen.

14 *Aus dem Orient ... tönt ... das Wort:* Siehe 3. Mose 19, Vers 18.

Sie finden den Nachklang ... in der mosaischen Gesetzgebung: Siehe 2. Mose 21 und 22.

16 *Tiberius Sempronius Gracchus,* 162 - 133 v. Chr., und *Gajus Sempronius Gracchus,* 153 - 121 v. Chr. Als Volkstribunen versuchten sie eine Agrarreform durchzuführen.

auf den «Heiligen Berg»: 494 v. Chr.

17 *Diokletian,* 248 - 305 n. Chr., römischer Kaiser. Über seine Staatsreformen siehe Theodor Mommsen «Abriß des römischen Staatsrechts».

Adam Smith, 1723 - 1790. Begründer der wissenschaftlichen Nationalökonomie. Hauptwerk: «An Inquiry into the Nature and Causes of the Wealth of Nations», 1776.

19 *Karl Marx,* 1818 - 1883. «Das kommunistische Manifest» 1848, «Zur Kritik der politischen Ökonomie» 1859, «Das Kapital» 1. Band 1867. Band 2 und 3 herausgegeben von Friedrich Engels 1885 und 1894.

20 *Immanuel Kant,* 1724 – 1804. Wörtlich: Handle so, daß die Maxime deines Willens jederzeit zugleich als Prinzip einer allgemeinen Gesetzgebung gelten könnte. – In «Kritik der praktischen Vernunft» I. Teil.

21 *Peter der Große,* 1672 – 1725.

Wladimir Solowjow, 1853 – 1900, russischer Philosoph.

Herbert Spencer, 1820 – 1903, englischer Philosoph. «System der synthetischen Philosophie», 10 Bände 1862 – 1896.

Fedor Michailowitsch Dostojewski, 1821 – 1881.

22 *Wladimir Iljitsch Lenin,* 1870 – 1924. Errichtete 1917 die Diktatur der bolschewistischen Partei in Rußland.

23 *Dreigliederung:* Die physisch-physiologische Dreigliederung des Menschen hat Rudolf Steiner zum ersten Mal dargestellt in «Von Seelenrätseln» (1917), GA 21 im Kapitel: «Die physischen und die geistigen Abhängigkeiten der Menschen-Wesenheit». Die Dreigliederung des sozialen Organismus ist im Aufruf «An das deutsche Volk und an die Kulturwelt» im Januar / Februar 1919 erstmals knapp skizziert, dann ausführlich behandelt in «Die Kernpunkte der sozialen Frage in den Lebensnotwendigkeiten der Gegenwart und Zukunft» (1919), GA 23.

28 *in einigen Linien darzustellen:* Siehe Hinweis zu S. 23.

29 *von Stuttgarter Freunden aus von mir gefordert worden ist:* Darüber schreibt Roman Boos:
«Die ‹Stuttgarter Freunde› waren Industrielle und Kaufleute, Mitglieder der Anthroposophischen Gesellschaft in Stuttgart. Ergriffen von den seit 1917 von Rudolf Steiner immer eindringlicher ausgesprochenen Mahnungen, daß das deutsche Volk nur durch Besinnung auf die Wurzeln seines geistigen Wesens und durch Betätigung dieses Wesens zu einem heilsamen Frieden kommen könnte, hatten sie in Stuttgart versucht, Voraussetzungen dafür zu schaffen, daß – nach dem Sturz Ludendorffs und der Abdankung des Kaisers – in Deutschland und vor der Kulturwelt der Wille zu Wort und Wirksamkeit komme, das deutsche Volk auch politisch und wirtschaftlich in die Gemeinschaft der Völker organisch so einzugliedern, wie ihr das deutsche Geistesleben durch seine positiven Leistungen eingegliedert ist.

Die drei Freunde legten am 25. Januar 1919 Rudolf Steiner in Dornach die Entwürfe für Maßnahmen, die sie planten, vor. Die Besprechung verlief so, daß sie an Rudolf Steiner die dringende Bitte richteten, ihnen als Instrument für die beabsichtigte Wirksamkeit einen Aufruf und eine diesen ausführlich begründende Schrift in die Hand zu geben.

Auf diese Bitte hin verfaßte Rudolf Steiner den Aufruf ‹An das deutsche Volk und an die Kulturwelt› und ‹Die Kernpunkte der sozialen Frage›.»

(Siehe hierzu Hinweis zu S. 23.) Etwas gekürzt entnommen den Anmerkungen von Roman Boos, die er der Erstausgabe 1946 zufügte.

31 *wie hier in Oxford:* Neben Cambridge die älteste Universität Englands. Sie bewahrte noch lange etwas von der scholastischen Eigenart, während sich Cambridge im Studiengang der modernen Naturwissenschaft geöffnet hatte.

35 *«Die Philosophie der Freiheit»* (1894), GA 4. Die Frauenfrage ist behandelt im Kapitel «Individualität und Gattung».

36 *in «The Hibbert Journal»:* Siehe «The Hibbert Journal», Juli 1921, No. 4. Der Aufsatz ist erschienen in der Zeitschrift «Soziale Zukunft» Heft 3. Abgedruckt in «Aufsätze über die Dreigliederung des sozialen Organismus und zur Zeitlage 1915 - 1921», GA 24.

37 *Ernst Haeckel,* 1834 - 1919, Zoologe und Naturphilosoph.

Ich habe ... einen Titel gewählt: «Man in the social order: the individual and the community».

38 *Michelangelo Buonarroti,* 1475 - 1564. Es handelt sich um das Bild «Das Jüngste Gericht» an der Altarwand der Sixtinischen Kapelle, gemalt zwischen 1536 und 1541.

39 *David Ricardo,* 1772 - 1823. Schüler von Adam Smith (1723 - 1790).

40 *John Stuart Mill,* 1806 - 1873, englischer Philosoph.

43 *ich fing ... an, mehr über Ökonomisches zu sprechen:* Diese Vorträge für die Arbeiter am Goetheanumbau in Dornach, Schweiz, die Rudolf Steiner in den Jahren 1922 bis 1924 hielt, sind innerhalb der Gesamtausgabe veröffentlicht in den Bänden GA 347 - 354.

46 *in Dornach versuchen wir es zu machen:* Die plastische Gestaltung des Menschheitsrepräsentanten. Sie war vorgesehen als Abschluß des kleinen Kuppelraumes im Ersten Goetheanum. Da Rudolf Steiner noch an ihr schnitzte, stand sie in seinem Atelier, als der Goetheanumbau in der Silvesternacht 1922/23 durch Brand zerstört wurde. Dadurch blieb sie erhalten und ist heute im Zweiten Goetheanum aufgestellt. Näheres über das Erste Goetheanum und diese Plastik siehe Rudolf Steiner, «Der Baugedanke des Goetheanum», Stuttgart 1958.

47 *«Komm, Herr Jesu ...»:* Gemälde von Fritz von Uhde (1848 - 1911), deutscher Maler.

50 *«Die Philosophie der Freiheit»:* Siehe Hinweis zu S. 35.

51 *das bezeichnete ich als moralische Intuition:* Siehe «Die Philosophie der Freiheit», Kapitel IX «Die Idee der Freiheit» und Kapitel XII «Die moralische Phantasie».

61 *Ich habe etwa 1905 einen Aufsatz geschrieben:* «Theosophie und soziale Frage», erschienen in der Zeitschrift «Lucifer-Gnosis» Oktober 1905, abgedruckt in «Lucifer-Gnosis. Gesammelte Aufsätze und Berichte aus der Zeitschrift ‹Luzifer› und ‹Lucifer-Gnosis› 1903 - 1908», GA 34: unter dem Titel «Geisteswissenschaft und soziale Frage» auch als Separatdruck, Dornach 1977.

66 *Mrs. Mackenzie:* Professor für Erziehung am University College Cardiff/Wales, die Initiantin des Kurses in Oxford und Präsidentin des Komitees.

67 *das Eurythmisch-Künstlerische in konkreter Art hat hier zur Geltung kommen dürfen:* Im Rahmen der Conference hatten am 18. und 19. August Eurythmieaufführungen stattgefunden.

was hat Anthroposophie zu sagen für Schulgründungen: Rudolf Steiner hatte im ersten Vortrag am 16. August über die Begründung der Freien Waldorfschule durch die Initiative des Industriellen Dr. Emil Molt, 1919 in Stuttgart gesprochen.

68 *Mr. Kaufmann:* George Adams-Kaufmann, 1894 - 1963. Mathematiker und Physiker. Dank seiner Sprachbegabung vermochte er auf Grund seiner Notizen in freier Rede die Vorträge Rudolf Steiners unmittelbar wiederzugeben.

TEXTKORREKTUREN

Seite	Zeile	2. Auflage	1. Auflage
15	10	zu Rande	zustande
16	6	Gracchus und Gajus	Gracchus, Cajus
50	8	Bindungen	Bildungen
53	24	herangezogen	angezogen

LITERATURHINWEIS

(GA 23 = Rudolf Steiner Gesamtausgabe, Bibliographie-Nr. 0230-X = ISBN 3-7274-*0230-X*)

Zur Weiterführung und Vertiefung der Darstellungen der vorliegenden Ausgabe sei auf folgende Ausgaben von Rudolf Steiner verwiesen:

Grundlegende Darstellungen

Schriften

Die Kernpunkte der sozialen Frage in den Lebensnotwendigkeiten der Gegenwart und Zukunft. Inhalt: I. Die wahre Gestalt der sozialen Frage, erfaßt aus dem Leben der modernen Menschheit. – II. Die vom Leben geforderten wirklichkeitsgemäßen Lösungsversuche für die sozialen Fragen und Notwendigkeiten. – III. Kapitalismus und soziale Ideen. – IV. Internationale Beziehungen der dreigliedrigen sozialen Organismen. – V. Anhang: An das Deutsche Volk und an die Kulturwelt. GA 23, 166 Seiten, Leinen 0230-X, Taschenbuch 6060-1

Aufsätze über die Dreigliederung des sozialen Organismus und zur Zeitlage 1915 - 1921. Der Band enthält neben anderen die Aufsätze «In Ausführung der Dreigliederung des sozialen Organismus» und die 1915 verfaßte Schrift «Gedanken während der Zeit des Krieges. Für Deutsche und solche, die nicht glauben, sie hassen zu müssen». GA 24, 496 Seiten, Leinen 0240-7, Kartoniert 0241-5

Vorträge

Geisteswissenschaft und soziale Frage. In dieser frühen grundlegenden Schrift entwickelt Steiner das «Soziale Hauptgesetz» und weist auf die Notwendigkeit der Trennung von Arbeit und Einkommen hin. 48 Seiten, kartoniert 5072-X

Die soziale Frage. Sechs Vorträge, Zürich 1919. Sie sind die Grundlage für die Schrift «Die Kernpunkte der sozialen Frage». GA 328, 198 Seiten, Leinen 3280-2, kartoniert 3281-0

Die Befreiung des Menschenwesens als Grundlage für eine soziale Neugestaltung. Altes Denken und neues soziales Wollen. Neun öffentliche Vorträge und Fragenbeantwortungen in verschiedenen Schweizer Städten 1919. GA 329, 348 Seiten, Leinen 3290-X

Neugestaltung des sozialen Organismus. Vierzehn Vorträge, gehalten öffentlich und für die Arbeiterschaft großer Industriebetriebe im Stuttgarter Raum 1919. GA 330, 440 Seiten, Leinen 3300-0, kartoniert 3301-9

Soziale Zukunft. Sechs öffentliche Vorträge mit Fragenbeantwortungen, Zürich 1919. Diese Vortragsreihe beinhaltet einerseits eine Einführung in die Gedanken der Dreigliederung, richtet aber den Blick vermehrt auf die einzelnen Bereiche des sozialen Lebens. GA 332a, 238 Seiten, Leinen 3325-6, Taschenbuch 6310-4

Gedankenfreiheit und soziale Kräfte. Die sozialen Forderungen der Gegenwart und ihre praktische Verwirklichung. Sechs öffentliche Einzelvorträge in Ulm, Berlin und Stuttgart 1919. Eine Ergänzung zum Band «Neugestaltung des sozialen Organismus». GA 333, 176 Seiten, Leinen 3330-2, Taschenbuch 6520-8

Vom Einheitsstaat zum dreigliedrigen sozialen Organismus. Elf öffentliche Vorträge in Basel, Zürich und Dornach im Frühjahr 1920. Grundlegende Darstellungen der anthroposophisch orientierten Geisteswissenschaft und ihrer Erkenntnisse für die Bewältigung der sozialen Aufgaben. GA 334, 312 Seiten, Leinen 3340-X

Die Kardinalfrage des Wirtschaftslebens. Öffentlicher Vortrag in Kristiana (Oslo) 1922. 48 Seiten, kartoniert 5074-6

Schulungskurse

Wie wirkt man für den Impuls der Dreigliederung des sozialen Organismus? Zwei Schulungskurse für Redner und aktive Vertreter des Dreigliederungsgedankens, Stuttgart 1921. GA 338, 336 Seiten, Leinen 3390-6, kartoniert 3391-4

Anthroposophie, soziale Dreigliederung und Redekunst. Orientierungskurs für die öffentliche Wirksamkeit mit besonderem Hinblick auf die Schweiz, Dornach 1921. Mit vielen Sprachübungen. GA 339, 132 Seiten, Leinen 3390-6, kartoniert 3391-4

Vertiefende Darstellungen

Soziale und antisoziale Triebe im Menschen. Zwei Vorträge in Dornach und Bern 1918. 68 Seiten, kartoniert 5234-X

Die soziale Grundforderung unserer Zeit. In geänderter Zeitlage. Zwölf Vorträge in Dornach und Bern November/Dezember 1918. GA 186, 330 Seiten, Leinen 1860-5

Die soziale Frage als Bewußtseinsfrage. Acht Vorträge in Dornach Februar/März 1919. GA 189, 184 Seiten, Leinen 1890-7

Vergangenheits- und Zukunftsimpulse im sozialen Geschehen. Zwölf Vorträge in Dornach März/April 1919. GA 190, 238 Seiten, Leinen 1900-8

Soziales Verständnis aus geisteswissenschaftlicher Erkenntnis. Fünfzehn Vorträge in Dornach Oktober/November 1919. GA 191, 296 Seiten, Leinen 1910-5

Der innere Aspekt des sozialen Rätsels. Luziferische Vergangenheit und ahrimanische Zukunft. Zehn Vorträge in verschiedenen Städten 1919. GA 193, 208 Seiten, Leinen 1930-X

Nationalökonomie

Nationalökonomischer Kurs. Vierzehn Vorträge für Studenten der Nationalökonomie, Dornach 1922. GA 340, 240 Seiten, Leinen 3400-7, kartoniert 3401-5

Nationalökonomisches Seminar. Sechs seminaristische Besprechungen mit den Teilnehmern am «Nationalökonomischen Kurs». Mit Gesamtregister für beide Bände. GA 341, 108 Seiten, Leinen 3410-4, kartoniert 3411-2

Beiträge zur Rudolf Steiner Gesamtausgabe

Mit Veröffentlichungen aus dem Archiv der Rudolf Steiner-Nachlaßverwaltung

Das Jahr 1917. Im Gedenken an ein geistes- und weltgeschichtliches Ereignis. Mit Aufzeichnungen zur sozialen Frage. Heft 15 (Sommer 1966)

Fünfzig Jahre «Die Kernpunkte der sozialen Frage» 1919 - 1969. Mit einer Chronik Januar 1918 bis April 1919, sowie Aufzeichnungen, Entwürfen und Notizen von Rudolf Steiner. Heft 24/25 (Ostern 1969)

1919 - das Jahr der Dreigliederungsbewegung und der Gründung der Waldorfschule. Fortsetzung der Chronik von Rudolf Steiners öffentlichem Wirken für die Dreigliederung des sozialen Organismus, April bis Dezember 1919. Heft 27/28 (Michaeli 1969)

Die soziale Frage. Vor sechzig Jahren: Dreigliederungszeit. Mit einem Vortrag von 1905: «Die soziale Frage und die Theosophie». Heft 88 (Johanni 1985)

Polnisch oder Deutsch? Oberschlesien, ein Schulbeispiel für die Notwendigkeit der Dreigliederung. Heft 93/94 (Michaeli 1986)

RUDOLF STEINER GESAMTAUSGABE

Gliederung nach: Rudolf Steiner – Das literarische und künstlerische Werk. Eine bibliographische Übersicht (Bibliographie-Nrn. *kursiv* in Klammern)

A. SCHRIFTEN

I. Werke

Goethes Naturwissenschaftliche Schriften, eingeleitet und kommentiert von R. Steiner, 5 Bände, 1884 – 97, Neuausgabe 1975 *(1a-e)*; separate Ausgabe der Einleitungen, 1925 *(1)*
Grundlinien einer Erkenntnistheorie der Goetheschen Weltanschauung, 1886 *(2)*
Wahrheit und Wissenschaft. Vorspiel einer «Philosophie der Freiheit», 1892 *(3)*
Die Philosophie der Freiheit. Grundzüge einer modernen Weltanschauung, 1894 *(4)*
Friedrich Nietzsche, ein Kämpfer gegen seine Zeit, 1895 *(5)*
Goethes Weltanschauung, 1897 *(6)*
Die Mystik im Aufgange des neuzeitlichen Geisteslebens und ihr Verhältnis zur modernen Weltanschauung, 1901 *(7)*
Das Christentum als mystische Tatsache und die Mysterien des Altertums, 1902 *(8)*
Theosophie. Einführung in übersinnliche Welterkenntnis und Menschenbestimmung, 1904 *(9)*
Wie erlangt man Erkenntnisse der höheren Welten? 1904/05 *(10)*
Aus der Akasha-Chronik, 1904 – 08 *(11)*
Die Stufen der höheren Erkenntnis, 1905 – 08 *(12)*
Die Geheimwissenschaft im Umriß, 1910 *(13)*
Vier Mysteriendramen: Die Pforte der Einweihung – Die Prüfung der Seele – Der Hüter der Schwelle – Der Seelen Erwachen, 1910 – 13 *(14)*
Die geistige Führung des Menschen und der Menschheit, 1911 *(15)*
Anthroposophischer Seelenkalender, 1912 *(in 40)*
Ein Weg zur Selbsterkenntnis des Menschen, 1912 *(16)*
Die Schwelle der geistigen Welt, 1913 *(17)*
Die Rätsel der Philosophie in ihrer Geschichte als Umriß dargestellt, 1914 *(18)*
Vom Menschenrätsel, 1916 *(20)*
Von Seelenrätseln, 1917 *(21)*
Goethes Geistesart in ihrer Offenbarung durch seinen Faust und durch das Märchen von der Schlange und der Lilie, 1918 *(22)*
Die Kernpunkte der sozialen Frage in den Lebensnotwendigkeiten der Gegenwart und Zukunft, 1919 *(23)*
Aufsätze über die Dreigliederung des sozialen Organismus und zur Zeitlage 1915 – 1921 *(24)*
Kosmologie, Religion und Philosophie, 1922 *(25)*
Anthroposophische Leitsätze, 1924/25 *(26)*
Grundlegendes für eine Erweiterung der Heilkunst nach geisteswissenschaftlichen Erkenntnissen, 1925. Von Dr. R. Steiner und Dr. I. Wegman *(27)*
Mein Lebensgang, 1923 – 25 *(28)*

II. Gesammelte Aufsätze

Aufsätze zur Dramaturgie 1889–1901 *(29)* – Methodische Grundlagen der Anthroposophie 1884–1901 *(30)* – Aufsätze zur Kultur- und Zeitgeschichte 1887–1901 *(31)* – Aufsätze zur Literatur 1886–1902 *(32)* – Biographien und biographische Skizzen 1894–1905 *(33)* – Aufsätze aus «Lucifer-Gnosis» 1903–1908 *(34)* – Philosophie und Anthroposophie 1904–1918 *(35)* – Aufsätze aus «Das Goetheanum» 1921–1925 *(36)*

III. Veröffentlichungen aus dem Nachlaß

Briefe – Wahrspruchworte – Bühnenbearbeitungen – Entwürfe zu den vier Mysteriendramen 1910–1913 – Anthroposophie. Ein Fragment aus dem Jahre 1910 – Gesammelte Skizzen und Fragmente – Aus Notizbüchern und -blättern – *(38-47)*

B. DAS VORTRAGSWERK

I. Öffentliche Vorträge

Die Berliner öffentlichen Vortragsreihen, 1903/04 bis 1917/18 *(51-67)* – Öffentliche Vorträge, Vortragsreihen und Hochschulkurse an anderen Orten Europas 1906–1924 *(68-84)*

II. Vorträge vor Mitgliedern der Anthroposophischen Gesellschaft

Vorträge und Vortragszyklen allgemein-anthroposophischen Inhalts – Christologie und Evangelien-Betrachtungen – Geisteswissenschaftliche Menschenkunde – Kosmische und menschliche Geschichte – Die geistigen Hintergründe der sozialen Frage – Der Mensch in seinem Zusammenhang mit dem Kosmos – Karma-Betrachtungen – *(91-244)*
Vorträge und Schriften zur Geschichte der anthroposophischen Bewegung und der Anthroposophischen Gesellschaft *(251-265)*

III. Vorträge und Kurse zu einzelnen Lebensgebieten

Vorträge über Kunst: Allgemein Künstlerisches – Eurythmie – Sprachgestaltung und Dramatische Kunst – Musik – Bildende Künste – Kunstgeschichte *(271-292)* – Vorträge über Erziehung *(293-311)* – Vorträge über Medizin *(312-319)* – Vorträge über Naturwissenschaft *(320-327)* – Vorträge über das soziale Leben und die Dreigliederung des sozialen Organismus *(328-341)* – Vorträge für die Arbeiter am Goetheanumbau *(347-354)*

C. DAS KÜNSTLERISCHE WERK

Originalgetreue Wiedergaben von malerischen und graphischen Entwürfen und Skizzen Rudolf Steiners in Kunstmappen oder als Einzelblätter: Entwürfe für die Malerei des Ersten Goetheanum – Schulungsskizzen für Maler – Programmbilder für Eurythmie-Aufführungen – Eurythmieformen – Entwürfe zu den Eurythmiefiguren, u. a.

Die Bände der Rudolf Steiner Gesamtausgabe
sind innerhalb einzelner Gruppen einheitlich ausgestattet.
Jeder Band ist einzeln erhältlich.